ROSENKREUZER EINST UND HEUTE

ROSENKREUZER EINST UND HEUTE

Unter Redaktion von
K. Dietzfelbinger

KRISTALL-REIHE 6

ROZEKRUIS PERS - HAARLEM - NIEDERLANDE

ISBN 90 6732 204 0

© 1998 ROZEKRUIS PERS - HAARLEM - NIEDERLANDE

INHALT

EINLEITUNG: WAS IST DAS ROSENKREUZ? 7
1. Europa wird ein Kind gebären 10
2. Wofür steht Christian Rosenkreuz? 16

I. DIE KLASSISCHE BRUDERSCHAFT DES ROSENKREUZES
3. Das Trigonum Igneum der Bruderschaft des Rosenkreuzes 23
4. Wer war Christian Rosenkreuz? 28
5. Johann Valentin Andreä, Phönix der Renaissance 36
6. Christianopolis: Der goldene Faden durch die Jahrhunderte 48
7. Die sechsfache Übereinkunft der Brüder des Rosenkreuzes 56
8. Die Allgemeine Weltreformation 85
9. Der Weg der Bruderschaft des Rosenkreuzes 90

II. DIE MODERNE BRUDERSCHAFT DES ROSENKREUZES
Einleitung 101
10. Das dreifache Mysterium des Kraftfeldes 102
11. Entstehung und Entwicklung der Geistesschule des Rosenkreuzes 111
12. Das Ziel der Geistesschule des Rosenkreuzes 123
13. Die drei Säulen der ewigen Wahrheit 127
14. Was ist ein Tempeldienst? 135
15. Rosenkreuzer in Staat und Gesellschaft 139
16. Jan van Rijckenborgh – ein moderner Rosenkreuzer und hermetischer Gnostiker 146

Was ist Wahrheit?

Seht diesen Kristall: So wie das eine Licht offenbar ist in zwölf Flächen, ja in viermal zwölf, und jede Fläche einen Strahl von dem Lichte zurückwirft und man eine Fläche und ein anderer eine andere anschaut, so ist es doch der eine Kristall und das eine Licht, das in allen scheint.

Das Evangelium des vollkommenen Lebens

Einleitung:

Was ist das Rosenkreuz?

Wer ist die Bruderschaft des Rosenkreuzes? Wer ist Christian Rosenkreuz? Was ist die moderne Geistesschule des Rosenkreuzes, was ist ihr Ziel und wie arbeitet sie? Auf diese Fragen soll vorliegendes Buch eine Antwort geben, und zwar in Form einer Reihe von Artikeln, die von Schülern der Geistesschule des Rosenkreuzes für die Monatszeitschrift Pentagramm verfaßt wurden.

Was ist das Rosenkreuz? Seit sich die Menschheit eigenwillig von der göttlichen Welt trennte, ihr Bewußtsein von dieser verlor und eine eigene, vergängliche Welt hervorbrachte, die nicht mehr im Einklang mit der göttlichen Welt steht, gehen Bemühungen von der göttlichen Welt aus, die in der Materie versunkene Menschheit wieder mit ihrer ursprünglichen Heimat zu verbinden und ihr den Weg zurück zu weisen. All diese Bemühungen können im Namen Christus zusammengefaßt werden.

Große und kleine Impulse geben Zeugnis von diesem Christusbemühen der göttlichen Welt. Immer wieder inkarnieren Botschafter als Gesandte der Bruderschaft des Lebens – der Gemeinschaft der Menschen, die in Einheit mit der göttlichen Welt leben –, freiwillig in der vergänglichen Welt, um dafür empfänglichen Menschen die Wiederverbindung, die Religion, mit der göttlichen Welt zu ermöglichen. Alle ursprünglichen Mysterienschulen und Religionen sind aus solchen Impulsen entstanden. Durch die ganze Weltgeschichte zieht sich eine Kette solcher Schulen und Gründungen.

Ein Glied in dieser Kette ist das Rosenkreuz. Das Bemühen der Bruderschaft des Lebens entspringt zwar aus den ewigen Gesetzen und Kräften des Geistes, muß sich aber, wenn es in der vergänglichen Welt wirksam werden soll, auf die Bedingungen von Zeit und Raum, auf Bewußtseinsniveau und Kultur der Menschen, die es erreichen will, einstellen.

Das Rosenkreuz ist eine solche Einstellung besonderer Art. Die Bruderschaft des Rosenkreuzes wendet sich, aus der unvergänglichen Welt heraus und auf der Basis des Christusbemühens arbeitend, an den modernen westlichen, vom wissenschaftlichen Denken geprägten, sehr individualisierten Menschen. Christian Rosenkreuz ist die Symbolfigur für die besondere Art dieses Impulses.

Das Rosenkreuz wirkt, seit sich im Mittelalter die ersten Keime des naturwissenschaftlichen Denkens in der westlichen Menschheit zeigten, seit die Ablösung eines nur auf dem Glauben beruhenden Christentums durch ein auch erkennendes Christentum begann und seit sich die Möglichkeit abzeichnete, daß der Mensch den geistigen Kern aller Weltreligionen erkennt und dadurch zu einer umfassenden Menschheitsreligion – einem universellen Christentum – gelangt. Der rosenkreuzerische Impuls war Anfang des 17. Jahrhunderts in den Schriften der klassischen Rosenkreuzer erstmals öffentlich geworden, und wirkt heute in großem Maßstab im Rahmen der Geistesschule des Rosenkreuzes, des Lectorium Rosicrucianum. Die Gemeinschaft der Männer, die die klassischen Rosenkreuzerschriften des 17. Jahrhunderts verfaßten, und die heutige Geistesschule des

Rosenkreuzes sind daher nicht Menschenwerk, nicht aus den Bedürfnissen und Phantasien von Weltverbesserern und Idealisten hervorgegangen. Sie sind vielmehr Ergebnis eines Wirkens der Bruderschaft des Lebens, die mit Hilfe von in der vergänglichen Welt lebenden Menschen ein »Haus Sancti Spiritus«, ein Haus des Heiligen Geistes, in der vergänglichen Welt aufgebaut hat.

Dieses Haus des Heiligen Geistes, diese Gemeinschaft des Rosenkreuzes, ob im 17. oder im 20. Jahrhundert wirkend, lebt aus den Gesetzen und Kräften der göttlichen Welt und ermöglicht allen dafür empfänglichen Menschen, sich der göttlichen Gesetze und Kräfte im eigenen Wesen wieder bewußt zu werden, sie auf einem spirituellen Weg zu entfalten und dadurch bewußt die Wiederverbindung mit der göttlichen Welt zu erlangen.

I

Europa wird ein Kind gebären

Das Christusbemühen hat eine »neue Menschwerdung« zum Ziel. Seit seiner Trennung von der göttlichen Welt hat sich der Mensch immer mehr mit der vergänglichen Welt identifiziert und versucht, in Selbstbehauptung eine Welt und Gesellschaft aufzubauen, die von *seinen* Vorstellungen geprägt ist, statt von den Gesetzmäßigkeiten des Geistes. Dadurch ist das Bewußtsein des Menschen von der göttlichen Welt immer mehr verkümmert. Der heutige Mensch ahnt höchstens noch etwas von einer göttlichen Welt und sehnt sich nach ihr, aber er lebt nicht bewußt in ihr.

Dennoch drängt der in ihm latent gewordene göttliche Keim nach Entfaltung. Er wird durch die überall in der Welt wirksamen fundamentalen Schwingungen des Geistes, die über Mysterien- und Geistesschulen von der Bruderschaft des Lebens in der Atmosphäre der Erde belebt werden, angeregt. Der Mensch spürt: Ein ganz neues Wesen, das ewig-uralte, in ihm verschüttete Wesen des ursprünglichen Menschen, möchte in ihm lebendig und bewußt werden und eine neue Welt schaffen, die ihm entspricht. Es möchte den alten Menschen der Selbstbehauptung und seine nicht im Einklang mit Gott befindliche Welt auflösen und eine neue Welt an ihre Stelle setzen.

»Denn Europa ist schwanger und wird ein starkes Kind gebären... « so heißt es in der »Fama Fraternitatis«, dem »Ruf der

Rosenkreuzer Bruderschaft«, die im Jahre 1614 erschien. In den Jahren vor dem Dreißigjährigen Krieg befand sich Europa in den Wehen eines großen Umbruchs. Die religiösen Lager standen sich unversöhnlich gegenüber, eine gewaltige Entladung bahnte sich an. Viele waren in diesen Jahren empfänglich für eine fundamentale Erneuerung ihres Lebens.

Deshalb fielen die drei Rosenkreuzerschriften, der »Ruf der Rosenkreuzer Bruderschaft«, das »Bekenntnis der Rosenkreuzer Bruderschaft« (1615) und die »Alchimische Hochzeit des Christian Rosenkreuz« (1616), die von Johann Valentin Andreä unter Mitwirken seines Tübinger Freundeskreises niedergeschrieben wurden, auf einen fruchtbaren Boden. Viele wurden hiervon stark bewegt, das Lebenswerk vieler Repräsentanten von Religion, Kultur und Wissenschaft wurde hiervon beeinflußt.

Die Prophezeiung
Die Rosenkreuzerschriften sprachen von einer künftigen Aufklärung, einer Zeit der Erleuchtung voll tiefgreifender Erkenntnisse. Diese sollten nicht nur die äußere Welt betreffen, sondern vor allem auch das tiefste Innere. Der Mensch sollte seine Würde, seinen Wert und die Rolle verstehen, die er nach dem Plan Gottes zu erfüllen hat. Ein neues Denken wurde angekündigt, das sich von den Dogmen der Religion befreit hat und doch im religiösen Urquell des Menschen verwurzelt bleibt. In diesem Quell im Herzen des Menschen sollte die Wissenschaft ihren Maßstab und ihre Grenze finden und sich dadurch der Idee einer vollkommenen Weltordnung einfügen. In einem neuen Menschwerden sollte ferner die innere Verwandtschaft der Religionen offenbar werden.

Zeit der Finsternis
Der Dreißigjährige Krieg überrollte diese Bestrebungen. Europa wurde zu einem Ort des Grauens und der Verwüstung. Danach trat eine Entwicklung ein, deren Konsequenzen wir heute alle zu tragen haben. Die aufkeimende Wissenschaft riß sich von dem religiösen Bestehensgrund los. Der Kampf gegen die dogmatischen religiösen Fesseln, die das Denken geknechtet hatten, endete in einer »Befreiung«, einer Abkoppelung des Denkens vom Urgrund des Menschen. Die Wissenschaft entfaltete sich eigenständig, losgelöst vom Seelenwesen. Dadurch konnte der Materialismus zur Blüte gelangen und zur Basis des wissenschaftlichen Denkens werden. Und da dieses Denken so ungeheuren Erfolg hatte, da es alle Lebensbereiche umgestaltete, nahm das materialistische Weltbild den Menschen insgesamt in Besitz.

Das führte zu unserer heutigen Situation, zu der Krise, in der wir uns befinden. Wir haben die Verbindung zur Quelle des Lebens, zum Kern unseres Menschseins, verloren. Wir sind füreinander Objekte geworden, benutzbar, um beliebige Ziele zu erreichen. Wir beuten uns gegenseitig aus, beuten die Naturreiche aus – und sterben dabei den seelischen Tod.

Dies wird in unserer Zeit, die überquillt von Korruption, Gewalt und allen Formen von Entartung, immer mehr Menschen schmerzlich bewußt. Sie stellen die Frage, was Menschsein eigentlich noch bedeutet und suchen – oft unbewußt – nach seelischer Erneuerung. Ein neues Menschenbild ist überfällig. Können wir wirklich befriedigend leben mit der Vorstellung, nur ein Sproß der Tierwelt zu sein, entstanden durch das Spiel des Zufalls und der Auslese des Stärkeren? Deckt sich dieses Bild wirklich mit unserem innersten Zustand?

Europa ist schwanger
Europa ist schwanger und wird ein Kind gebären. Die Erfahrung, der Gang durch die Geschichte, drängen zu einem Resultat. Die Degeneration beschleunigt sich; das Bild des Untergangs erscheint am Horizont. Doch zugleich erhebt sich ein mächtiges Sehnen nach einem neuen Menschenbild, einem neuen Bewußtsein, einem seelischen Erneuerungsprozeß. Unsere Kultur ist jedoch alt geworden. Hat sie an ihrem Lebensabend noch die Kraft, ein starkes Kind zu gebären? Die Sackgasse, in der wir stehen, die dringende Notwendigkeit der Erneuerung, deuten darauf hin. Die Zeit ist reif. Alter bedeutet auch Reife. Seit langem wird die neue Geburt erwartet. Die befreiende Entwicklung, die die Rosenkreuzerschriften prophezeit haben, kann hinausgezögert werden. Doch das Erwachen findet statt, der Urgrund, der im Herzen der Menschen verborgen ist, lehnt sich gegen die Entartung auf. Und göttliche kosmische Kräfte kommen ihm zu Hilfe.

Legenden sprechen davon, wie Sara, Abrahams Frau, und Elisabeth, die Frau des Zacharias, aufgrund von Verheißungen in hohem Alter Söhne gebaren. Dies ist eine bildhafte Beschreibung für das, was auch heute stattfindet. Die Gottesimpulse brechen kurz vor dem Ende eines Kulturganges durch und ermöglichen einen neuen Beginn. Die »Geburt des Isaak« stand am Beginn des »alten Bundes«, die »Geburt des Johannes« am Beginn des »neuen Bundes« zwischen Gott und den Menschen. Der alte Bund führte zu Geboten und Gesetzen, zur Bindung eines auserwählten Volkes an göttliche Ordnungsprinzipien. Der neue Bund eröffnete – durch das Opfer des Christus – die Möglichkeit, das göttliche Gesetz im eigenen Herzen zu entdecken. Ein Weg war gebahnt, der zur vollkommenen Freiheit führen kann, zur Entfaltung der göttlichen Seele im Menschen.

Die Impulse der Ordnung und Freiheit wurden zu den Leitgedanken der abendländischen Geschichte. Sie dienten der Rechtfertigung von Revolutionen und Unterdrückungen, von Reformen und Dogmen.

Heute sind beide Prinzipien in ihrer Krise; sie erscheinen als verbraucht. Wir sind die Wege der Ordnung und Freiheit in dieser Natur gegangen. Viele haben versucht, die Ideale zu verwirklichen, und viele stehen heute ratlos vor den Ergebnissen. Die Freiheit des einzelnen wird zu einer stets größeren Gefahr für andere und für die Erde. Die Ordnung wird zu einem immer komplizierteren Netz von Regelungen, das niemand mehr überschauen kann und das sich vom Gerechtigkeitsgefühl immer weiter entfernt. So haben die beiden großen Leitgedanken ihren Glanz verloren. Sie sind von dem Staub bedeckt, der ihren Weg durch die Materie kennzeichnete.

Das Kind
Worin soll nun eine Neugeburt bestehen? Sie kann nur in einer neuen Menschwerdung bestehen, einer seelischen Neugeburt. Der »Sohn des Menschen«, der als ein Vorbild vor 2000 Jahren geboren wurde, muß nun in uns geboren werden. Als ein »eingeborener Sohn« kann in uns eine neue Seele entstehen. Ein solches inneres Erwachen bahnt sich bei vielen an. Die Kraft des Menschensohnes regt sich in ihren Herzen, und sie bricht sich zugleich in der Atmosphäre der Erde Bahn. Der Menschensohn erwacht aus äonenlangem Schlaf. Er drängt uns zur Revolution, zur inneren Revolution, zum Hineinwachsen in eine höhere Bestehensebene, in der Freiheit und Ordnung miteinander versöhnt und Kunst, Wissenschaft und Religion in ihrem gemeinsamen Urquell miteinander verbunden sind.

Die alchimische Hochzeit wird Wirklichkeit
Die alchimische Hochzeit des Christian Rosenkreuz verwandelt sich dabei von einer alten Legende zu einem hochaktuellen Programm, zur Beschreibung des Weges, auf dem sich der Mensch erneuert, indem die ursprüngliche Seele in ihm erwacht und sich mit dem göttlichen Geist vereint. Die Vision der *Fama Fraternitatis* gelangt so, trotz aller Irrwege und Schwierigkeiten, zu ihrer Erfüllung.

In der *Fama Fraternitatis* heißt es, daß Christian Rosenkreuz seine geistigen Schätze den Gelehrten und Weisen Europas anbot, daß sie ihn jedoch abwiesen und verlachten und er daraufhin mit einer kleinen Schar Getreuer in aller Stille das »Haus Sancti Spiritus« errichtete. Es ist dies ein geistiges atmosphärisches Feld, das unsere Welt mit der Welt des Ewigen verbindet. An diesem Haus, an dieser Brücke zwischen den Welten, ist seitdem ununterbrochen gearbeitet worden. Viele Bausteine haben sich dort eingefügt, lebende Seelen, die ihr Leben der Menschheitsbefreiung geweiht haben. Die Internationale Schule des Rosenkreuzes arbeitet heute mit Macht an der Vergrößerung des Hauses Sancti Spiritus. Seine Türen sind für suchende Menschen weit geöffnet. Aus ihnen ergießt sich eine Fülle geistigen Lichtes über die Menschheit.

2

Wofür steht Christian Rosenkreuz?

Der Christus repräsentiert das wahre Selbst des Menschen und der Menschheit, das »Ebenbild Gottes«, wie es die Bibel ausdrückt. Seit sich der Christus nach der Taufe am Jordan mit Jesus verband, ist es die Aufgabe der Menschheit, dieses wahre Selbst bewußt zu entfalten und bewußt zu einer neuen Menschwerdung zu kommen – und zwar die Aufgabe *aller* Menschen, nicht nur, wie bis dahin, einzelner Schüler von Mysterienschulen. Die ganze Menschheit ist durch dieses Ereignis zur Mysterienschule geworden, und jedem Menschen steht seitdem prinzipiell die Kraft zur Verfügung, den spirituellen Weg zu gehen.

Die Menschheit hat seitdem darüber hinaus die Aufgabe, Ziele und Wege aller bisherigen Religionen, die immer nur Aspekte des wahren Selbstes ansprachen und entfalteten, zu vereinigen. Das ist die eine Aufgabe, für die Christian Rosenkreuz steht. Die andere, damit zusammenhängende Aufgabe ist: In der Kraft des Christus kann die neue Menschwerdung bei vollem Bewußtsein und in individueller Verantwortung des Schülers auf dem Weg vollzogen werden. Früher war das in den Mysterienstätten meist nur bei herabgesetztem Bewußtsein möglich. In den letzten Jahrhunderten aber hat der Mensch eine Individualität, ein selbständiges begriffliches Denken entwickelt. Mit Hilfe dieses Denkens muß er nun, selbständige Seelenarbeit leistend, seinen Weg gehen. Und da diese Entwicklung der Individualität und des begrifflichen Denkens sich vor allem beim westlichen Menschen vollzogen hat, knüpft der rosenkreuzerische Impuls zunächst vor allem am Bewußtsein des westlichen Menschen an.

Das Christusbemühen zur Erhebung der Menschheit aus Selbstbehauptung und Materialismus wird in unserer Zeit und für den westlich geprägten Menschen durch »Christian Rosenkreuz« versinnbildlicht. Zwei Aspekte kommen im Prinzip »Christian Rosenkreuz« zum Ausdruck. Erstens steht Christian Rosenkreuz für die Einheit aller Weltreligionen auf der Basis eines umfassend verstandenen Christentums. Zweitens steht er für einen bewußt und selbstverantwortlich gegangenen spirituellen Weg.

Christian Rosenkreuz und die Menschheitsreligion der Zukunft
Was die Einheit aller Religionen auf der Basis des Christentums betrifft, so schildert Rudolf Steiner einmal eine Vision, Ergebnis seiner geistigen Forschungen, die die Aufgabe des Christian Rosenkreuz einprägsam vor Augen führt. *)

Rudolf Steiner beschreibt eine Szene aus dem 13. Jahrhundert. Christian Rosenkreuz, noch sehr jung und für alle Eindrücke aus der geistigen Welt überaus empfänglich, liegt auf seinem Lager. Er ist in einem Zustand, wo das aus Sinneseindrücken und Verstandesoperationen aufgebaute Ichbewußtsein in gewisser Weise durchlässig geworden ist. Er erfährt daher die geistigen Kräfte und Gesetze, die in der Welt wirken und sie ordnen. Er erfährt sie in der Weise, daß sie ihm, in einer Art Gedanken- und Kraftübertragung, von anderen Wesen übermittelt werden. Man hat fast den Eindruck einer geistigen Bluttransfusion. Zwölf Wesen sind es, die Christian Rosenkreuz umstehen und ihm ihre Kraft und Weisheit übertragen.

Die zwölf Wesen repräsentieren zwölf große Impulse des

Geistes, die im Lauf der Menschheitsgeschichte wirksam geworden sind. Man könnte sagen: die Essenz zwölf großer Weltreligionen. In Christian Rosenkreuz werden nun diese zwölf Impulse, die zwölf »Tierkreiszeichen« des Geistes, zur Einheit zusammengefaßt. Und nicht nur dies: Er hebt sie alle auf eine höhere Stufe, auf die Stufe des Christus, des Geistbewußtseins, des bewußten Erfassens. Man kann diese von Rudolf Steiner gegebene Schilderung als konkretes Ereignis auffassen, erlebt von einem konkreten Menschen in Zeit und Raum. Man kann sie aber auch als Bild für Vorgänge sehen, die sich heute in jedem Menschen auf der ganzen Welt vollziehen können.

Alle bisherigen Menschheitsimpulse waren Impulse und Offenbarungen aus der Welt des Geistes und hatten ihre Berechtigung. Aber bei einem neuen Entwicklungsschritt der Menschheit verlieren sie ihre relative Gültigkeit und werden in eine neue, höhere Einheit aufgenommen. Diese höhere Einheit des Geistbewußtseins verkörpert Christian Rosenkreuz. Er ist Sinnbild für die Wirksamkeit des Geistes, die die gegenwärtige Menschheit beeinflußt und in ihr bewußt und wirksam werden will.

Keine Religion der Vergangenheit kann einen Absolutheitsanspruch erheben. In jeder lebt der Kern des universellen Geistes in einer besonderen Ausprägung. Heute kommt es darauf an, daß die Menschen diesen geistigen Kern in jeder Religion erkennen und jeden der zwölf Aspekte des geistigen Tierkreises in sich verwirklichen. Dann sind sie Schüler einer universellen Religion, in der der Christus das Zentrum ist.

Die Schüler der Geistesschule des Rosenkreuzes Anfang des 17. Jahrhunderts und auch der modernen Geistesschule des Rosenkreuzes wollen diesen geistigen Kern aller Religionen erkennen, in sich freilegen und alle zwölf Aspekte des geistigen Tierkreises in sich verwirklichen. Für diese Bemühung steht Christian Rosenkreuz.

Christian Rosenkreuz ist der Repräsentant, der Kern der Menschheitsreligion der Zukunft, einer Religion, in der alle bisherigen Religionen aufgehen werden. Sie bringt der ganzen Menschheit die Auferstehung des wahren Menschen, die Rückkehr zu ihrem göttlichen Ursprung und ihr Voranschreiten aus diesem Ursprung heraus zur Entfaltung des in ihr angelegten Ebenbildes Gottes.

Christian Rosenkreuz und der in Selbstautorität gegangene Weg
Das ist ein bewußter Weg, der wissenschaftlich und methodisch zum Beispiel in der Geistesschule des Rosenkreuzes dargestellt und gegangen wird. Die Bewußtheit des spirituellen Weges ist denn auch der zweite Aspekt des geistigen Impulses, der durch Christian Rosenkreuz verkörpert ist. Alles, was auf diesem Weg in der Seele und im Körper des Schülers geschieht, wird durch die Philosophie des Rosenkreuzes beschrieben. Diese Philosophie ist ein Plan zur wahren Menschwerdung, die Ausführung dieses Plans ist der Weg des Schülers des Rosenkreuzes. Das ist der Unterschied im Vergleich zu allen früheren Religionen: bewußte Erkenntnis dieses Plans der wahren Menschwerdung, bewußte Ausführung im praktischen Leben, bewußte Erkenntnis der Gegenwart, Vergangenheit und Zukunft des Menschen. Und weil es sich um bewußte Erkenntnis handelt, geht der Schüler seinen Weg in Freiheit und Selbständigkeit. Die Geistesschule stellt ihren Schülern die Kräfte des Geistes und die universelle Lehre zur Verfügung. Aber den Weg geht jeder Schüler frei, in eigener Verantwortlichkeit und ohne persönlichen Meister.

Christian Rosenkreuz als Formel
Im Namen Christian Rosenkreuz sind beide Aspekte des geistigen Weges, für den Christian Rosenkreuz steht, wie in einer Formel enthalten. Christian ist der Vorname. Der Schüler, der diesen Weg geht, ist ein Chistianus, ein auf dem inneren Christus aufbauender, den inneren Christus entfaltender Mensch. Rosenkreuz, der Nachname, beschreibt den spirituellen Weg. Das Kreuz ist zunächst der naturgeborene Mensch mit seinem begrenzten Ichbewußtsein. Die Vertikale bezeichnet seine durch Selbstbehauptung bestimmte Identität, die Horizontale sein nach außen, auf die Welt der vergänglichen Dinge gerichtetes Handeln und Wünschen. Auch äußerlich sichtbar bildet der Mensch ein solches Kreuz, wenn er aufrecht steht und die Arme ausbreitet.

Am Schnittpunkt der Kreuzbalken aber, auf der Höhe des Herzens, befindet sich die Rosenknospe: der latente Keim des Geistmenschen. Im Prozeß der neuen Menschwerdung bricht die Knospe auf und entfaltet sich zur voll erblühten Rose: Der neue Mensch, das wahre Selbst, ersteht auf. Gleichzeitig wird das Kreuz verwandelt: Das begrenzte Ich mit egoistischer Selbstbehauptung und Begehren wird von seiner Begrenzung und Selbstbehauptung allmählich frei und von den Kräften des Geistes durchdrungen. Es wird zum Diener des wahren Selbstes. Das geschieht durch bewußte, selbständige innere Arbeit des Schülers, in den Kräften des Geistes. Ein Schüler, der einen solchen Weg geht, kann sich dessen gewiß sein, daß er den eigentlichen Auftrag, der in jedem Menschen angelegt ist, verwirklicht. Damit steht er in der langen Kette aller Schüler der Mysterien, die im Lauf der Menschheitsgeschichte diesen Weg gegangen sind.

*) Rudolf Steiner, Das rosenkreuzerische Christentum, erster Vortrag. Zu: Das esoterische Christentum und die geistige Führung der Menschheit, Dornach, 1977.

I

DIE KLASSISCHE BRUDERSCHAFT
DES ROSENKREUZES

3
Das Trigonum Igneum der Bruderschaft des Rosenkreuzes

In großem Maßstab wurde der rosenkreuzerische Impuls erstmals Anfang des 17. Jahrhunderts in Europa wirksam. Jeder spirituelle Impuls besitzt eine beschreibbare Struktur und Qualität. Die Struktur und Qualität des rosenkreuzerischen Impulses läßt sich durch das Trigonum Igneum, das feurige Dreieck, darstellen.

Es gibt eine flammende, leuchtende geistige Kraft, die sich als geistiges Feuer umschreiben läßt, ein geistiges Feuer, das man symbolisch als ein flammendes Dreieck andeuten kann. Wir sprechen vom flammenden Dreieck der göttlichen Dreieinheit, dem Geist, der Seele und der Persönlichkeit. Wir sprechen vom flammenden Dreieck der Mysterienplaneten Uranus, Neptun und Pluto. Wir sprechen vom Trigonum Igneum, dem flammenden Dreieck der Rosenkreuzer, das den spirituellen Weg des Rosenkreuzes kennzeichnet.

Die Manifeste der Bruderschaft des Rosenkreuzes
Im Zusammenhang mit diesem Dreieck möchten wir auch dreier Personen gedenken: Tobias Hess, Christoph Besold und Johann Valentin Andreä. Diese drei Brüder des Rosenkreuzes – und besonders Tobias Hess – gaben den Anstoß zu einem Impuls, der bis auf den heutigen Tag durch die Kraft und Inspiration des Vaters Bruder Christian Rosenkreuz die spirituelle Entwicklung in Europa bestimmt.

Vater Bruder Christian Rosenkreuz war der geheimnisvolle Gründer der Bruderschaft des Rosenkreuzes und daher die zentrale Figur in den Manifesten der Bruderschaft des Rosenkreuzes, die 1614, 1615 und 1616 erstmals im Druck erschienen: »Der Ruf der Rosenkreuzer Bruderschaft«, »Das Bekenntnis der Rosenkreuzer Bruderschaft« und »Die alchimische Hochzeit des Christian Rosenkreuz«.

Die Quelle der Inspiration und damit auch die große Segenskraft, die aus diesen Büchern spricht, sind aus einer Tradition, aus einer Entwicklung entstanden, die als ununterbrochene mit der Menschheit verbundene geistige Offenbarung bezeichnet werden kann, sich aber von Zeit zu Zeit auf ganz besondere Weise manifestiert.

Die Brüder des Rosenkreuzes gingen von einer inneren Sicherheit und einer von ihnen deutlich wahrnehmbaren Realität aus, als sie ihre Manifeste verfaßten. Sie wußten, daß diese Manifeste für alle, die den Inhalt begreifen könnten, von überwältigender Bedeutung sein würden.

Sie entwickelten einen weltumspannenden spirituellen Plan. Das kommt besonders deutlich in dem Symbol zum Ausdruck, das in den Manifesten stark in den Vordergrund tritt: dem Trigonum Igneum, dem flammenden Dreieck der Regeneration nach Geist, Seele und Persönlichkeit, das als Basisformel der geistigen Wiedergeburt jedes Menschen zugrundeliegt.

Die drei Mysterienplaneten
Der Weg der Bruderschaft des Rosenkreuzes wird durch die Formel beschrieben: Aus Gott geboren – in Jesus gestorben – durch den heiligen Geist wiedergeboren.

Aus Gott geboren: Dem Schüler wird im Haupt bewußt, daß in ihm der wahre, geistige, aus Gott geborene Mensch wie ein Geistfunke verborgen liegt. Er ist prinzipiell ein Ebenbild Gottes. Glaubend vertraut er sich nun dem geistigen Prinzip im eigenen Wesen an und läßt sich von ihm verändern.

In Jesus gestorben: Der Schüler erkennt und spürt im Herzen, daß nur, wenn all seine Selbstbehauptung in den Kräften der neuen, mit dem Geist verbundenen Seele »stirbt«, das Ebenbild Gottes in ihm wieder wirksam werden kann. Er läßt das alte Seelenprinzip der Selbstbehauptung sterben, indem es ihm in den Kräften der neuen Seele, die durch Jesus symbolisiert werden, bewußt wird. Es entsteht ein neues Bewußtsein im Herzen.

Durch den heiligen Geist wiedergeboren: Aus den neuen Kräften im Haupt und im Herzen entsteht eine neue Persönlichkeit, frei von Selbstbehauptung. Sie ist Ausdruck der neuen, vom Geist inspirierten Seele. Sie wirkt mit all ihren Energien und Fähigkeiten bewußt im Gottesplan mit.

Diese drei großen Mysterien bilden das Trigonum Igneum der Rosenkreuzer. Sie vollziehen sich im Haupt, im Herzen und im Energiezentrum des Menschen. Der »Vater« schenkt, im Haupt wirkend, die Möglichkeit zum Weg. Der »Sohn« gibt, im Herzen sich offenbarend, das Licht des neuen Bewußtseins, in dem das Alte abgebrochen werden kann. Der heilige Geist verleiht, im ganzen Körper wirkend, die neuen Kräfte zur Verwirklichung.

Die Kraft der drei Mysterien, die im Mikrokosmos des Menschen wirksam wird, ist auch eine makrokosmische Kraft, repräsentiert durch die drei Mysterienplaneten. Neptun, die höhere Oktave des Merkur, manifestiert sich als göttliches

Gesetz im Haupt. Uranus, die höhere Oktave der Venus, wird als göttliche Weisheitskraft der Liebe im Herzen wirksam. Und Pluto, die höhere Oktave des Mars, wirkt als göttlicher Wille, als heiliger Geist, in der transfigurierten Persönlichkeit.

Zu Beginn des 17. Jahrhunderts war von einer sich entfaltenden Sternenkraft in den Zeichen Serpentarius und Cygnus, vom Mysteriendreieck Neptun, Uranus und Pluto, die Rede. Diese dreifache Sternkraft ergoß sich in die ersten Brüder des Rosenkreuzes. Jetzt, 400 Jahre später, können wir feststellen, daß diese Ausgießung geistiger Kraft sich weltweit manifestiert.

Die Arbeit der Geistesschule unserer Zeit, des Lectorium Rosicrucianum unter der Leitung von Jan van Rijckenborgh und Catharose de Petri, hat somit ein klassisches Fundament. In dieser alles bestimmenden Kraft, die nun sichtbar in der Welt als junge gnostische Bruderschaft des goldenen Rosenkreuzes wirksam ist, werden alle, die von dieser aus den Rosenkreuzermanifesten sprechenden unumstößlichen Wahrheit und großen geistigen Kraft Kenntnis nehmen, aufgerufen, sich zu den Brüdern und Schwestern zu scharen, die den Weg der lebenden Christusnachfolge gehen.

Die Arbeit der Geistesschule des goldenen Rosenkreuzes ist in einer spirituellen Tradition verankert, deren Basis unumstößlich der eine Eckstein Jesus Christus ist. Die Arbeit der westlichen Mysterienschule findet ihren Beginn, ihre Fortsetzung und ihr Ende in der Arbeit des Christus und seiner Hierarchie.

Hierdurch ist aufs neue ein Licht in der Dunkelheit unserer Zeit entzündet, um Welt und Menschheit die Sicherheit zu geben, daß die Kraft des Trigonum Igneum, die Kraft des

Vaters Bruder Christian Rosenkreuz und der Seinen, Welt und Menschheit zur Verfügung gestellt wird durch die Axiome der Bruderschaft des Rosenkreuzes:

Aus Gott geboren – in Jesus gestorben – durch den heiligen Geist wiedergeboren.

4

Wer war Christian Rosenkreuz?

Oft ist die Frage aufgeworfen worden: Hat Christian Rosenkreuz wirklich gelebt? Die Geistesschule des Rosenkreuzes steht auf dem Standpunkt, daß Christian Rosenkreuz eine reale Wesenheit ist, die der Bruderschaft der befreiten Seelen angehört und im Entwicklungsgang der Menschheit eine besondere Aufgabe hat. Er repräsentiert den christlichen Einweihungsweg für den sehr individualisierten, rationalen westlichen Menschen. Daher kann er als Prototyp und Symbol für diesen Weg gelten. Es ist also nicht so, daß sich Menschen ein spirituelles Ideal ausdachten und auf eine erfundene Figur projizierten. Sondern ein geistiger Impuls drückte und drückt sich in einem Menschen aus, der dadurch zum Prototyp und Symbol für diesen Impuls wird. Das bedeutet nicht, daß die Inkarnation oder die Inkarnationen des Christian Rosenkreuz in Zeit und Raum auch diesen Namen trugen. Die Geistesschule des Rosenkreuzes sieht es nicht als ihre Aufgabe an, zu erforschen, welche konkreten Persönlichkeiten eine Inkarnation des Christian Rosenkreuz sein oder gewesen sein könnten. Sie versteht sich als Gemeinschaft, in welcher der von Christian Rosenkreuz gewiesene Weg auf der Basis des Christusimpulses gegangen wird. Sie betrachtet auch die Rosenkreuzergemeinschaft des 17. Jahrhunderts als Ausprägung des Prinzips Christian Rosenkreuz – sei es, daß dieser selbst in einem der damaligen Rosenkreuzer verkörpert war, sei es, daß das von ihm verkörperte Prinzip des Einweihungsweges in dieser Gemeinschaft wirksam wurde.

Es liegt ein Geheimnis um die Figur des Christian Rosenkreuz. Ist er eine Schöpfung des Johann Valentin Andreä? Ist er ein Mythos, eine Phantasie, ein Symbol? Seit vierhundert Jahren ist darüber geschrieben, diskutiert und gestritten worden.

Christian Rosenkreuz ist durch die von Johann Valentin Andreä veröffentlichten Schriften bekannt geworden. In diesen Schriften ist Christian Rosenkreuz der Prototyp eines Menschen, der in der Neuzeit den christlichen Einweihungsweg der Transfiguration geht und vorlebt. Immer strebt die Figur Christian Rosenkreuz in Andreäs Schriften nach Vollkommenheit und einem geistigen Ziel. Er ist ein Vorbild und ein Aufruf zur Nachfolge. Er ist ein Ideal, das dem feurigen Verlangen Valentin Andreäs nach einer wahrhaftigen christlichen Bruderschaft zugrunde lag, die der Welt und der Menschheit dienen und sie verändern konnte. Er ist ein Ideal, das in der geistigen und materiellen Krise der Zeit Andreäs auftrat, einer Zeit, in der in mehr als einer Hinsicht eine neue Entwicklung sich Bahn zu brechen begann.

Universelles Christentum, das ist das, was wir hinter C. R.C. finden können; oder anders gesagt: hinter der Erscheinung der Christlichen Mysterien. Gibt es die denn? Gebrauchten die klassischen Rosenkreuzer nicht die Formel: »Gesegnet ist, wer die Bibel besitzt; gesegneter ist der, der sie liest. Doch am gesegnetsten ist der, der sie gründlich kennenlernt; während der Gott am meisten gleicht, der sie sowohl begreift als ihr auch folgt«? Darum kann man sagen, daß C.R.C. ein Prototyp ist, ein Vorbild. Er ist ein Christ, der auf seinem Pfad universelle Weisheit in seinem Gepäck hat. Er ist ein Vorbild, so wie Jesus Christus ein Vorbild ist und zur Nachfolge aufruft. Ein Ideal? Ein Ideal bleibt ein unerfüllter Wunsch, wenn er nicht verwirklicht werden kann. Er bleibt ein

Traum, der sich einmal in einen Alptraum verändern wird. Aber C.R.C. ist ein Vorbild, in dem mehrere Ansichten sich vereinigen. Er ist ein Christ; aber er ist der Prototyp eines Christen, der sich vom Buchstaben gelöst hat, von der Enge des Dogmas. Er kennt die Gnosis und ist in sie eingeführt, was besagen soll, daß er aus einem inneren Wissen lebt, aus einer Offenbarung, und daß er seiner inneren Stimme und dem, was in seinem Herzen spricht, folgt. Darum ist es keinesfalls verwunderlich, daß wir im Geistigen Testament des C.R.C. und im Grabtempel, eingraviert auf der bronzenen Platte, die Worte finden: »Jesus mihi omnia«, Jesus ist mir alles. Dieses Kompendium des C.R.C. schließt mit der vierfachen Formel: Nequaquam Vacuum – es gibt keinen leeren Raum. Legis Jugum – das Joch des Gesetzes. Libertas Evangelii – die Freiheit des Evangeliums. Dei Gloria Intacta – die Glorie Gottes ist unantastbar.

Müssen wir diese vierfache Formel nicht höchst modern nennen? »Es gibt keinen leeren Raum«! Heute wissen wir, daß sich im Raum Millionen, ja Milliarden Himmelskörper befinden; daß dieser Raum voller Atome ist, mit allem, was dazugehört, mit Strahlungen und Strahlungsfeldern, elektromagnetischen Feldern und mächtigen Strahlungsquellen.

Aber alle sind sie gebunden an gesetzmäßige Bahnen und Umläufe, gebunden an »das Joch des Gesetzes«. Denn dem allen liegt ein Plan zugrunde, eine Ordnung, ein Geistgesetz.

Doch das geistige Testament des Christian Rosenkreuz fordert, daß der Mensch diesen Plan begreift, daß er sich befreit, um ihm zu dienen und ihn zu erfüllen. Den freien Willen, um den Plan zu erfüllen, der in den Evangelien, in den christlichen Mysterien, verborgen liegt, erhalten diejenigen, die den Schlüssel dafür besitzen und ihn auch gebrauchen: »die Freiheit des Evangeliums«. Der Schlüssel ist das Begreifen, wie der Mensch in dem göttlichen Plan aufgeht, über dem die Glorie Gottes, die unantastbar ist, steht. So schließt sich der Ring, der das Kompendium der Rosenkreuzer umgibt, der hermetische Kreis, der ouroboros der Gnostiker. Wie auch immer: »Gottes Glorie ist unantastbar.«

C.R.C ist also keine Märchenfigur auf einem Grabstein. C.R.C. ist der Prototyp eines neuen Menschen für ein neues Zeitalter. Neu im Sinne einer Befreiung vom Alten, das zum Tode verurteilt ist. Das neue Zeitalter ist das Hinaufgehen in die spirituellen Höhen des universellen Christ-seins. Es ist ein dazu Wiedergeboren-werden. Wir legen hier den Akzent auf »universell«, weil in diesem Christ-sein die Gnosis aller Zeiten anwesend ist, die universelle Weisheit. C.R.C. ist allen vorausgegangen, die danach suchen und sich dazu gerufen fühlen. C.R.C. folgt dem christlichen Erlösungsweg, der aus der Todesgrube, aus dem Gefängnis der dialektischen Welt, der Welt der Gegensätze, und vom Rad von Geburt und Tod hinwegführt. C.R.C. ist das Vorbild für jeden Menschen, der sein höheres Lebensziel und seine Bestimmung sucht. Darum zittert er am Abend vor Ostern und weiß nicht, was geschehen wird. Darum erschrickt er vor dem Sturm, der über ihn kommt, vor dem Sturm des Geistes, der ihn ruft, den Berg zu besteigen, auf dem die drei Tempel von Geist, Seele und Körper stehen.

Welche Bedeutung hat C.R.C. für unsere Zeit? Er hat noch immer dieselbe Bedeutung, nicht mehr und nicht weniger als vor 400 Jahren, denn C.R.C. ist auch jetzt noch aktuell. Befinden wir uns in unserer Zeit nicht wiederum in einer enormen Krise? Stehen Staat und Kirche nicht wieder wie im Krampf einer sich entwickelnden und fortschreitenden Wissenschaft gegenüber? Kämpfen sie nicht wiederum mit den Galileis, den Keplers und den Brunos unserer Zeit? Und stehen sie nicht wieder den Rosenkreuzern gegenüber? Wird nicht wiederum ein dogmatisches Weltbild vernichtet, zum Beispiel durch die Raumfahrt, durch die Astronomie und durch die jüngsten Theorien zur Entstehung des Weltalls? Ist die Herkunft der Menschheit nicht wieder Gegenstand von Debatten? Wird der Schöpfer des Alls durch Millionen von Milchstraßensystemen nicht in einem anderen Zusammenhang gesehen? Neben allem diesem ist die Weltkrise, in der wir uns befinden, so unglaublich komplex, daß sie die Axt an die Wurzeln unseres Bestehens legt.

Die Bruderschaft des Rosenkreuzes, deren Gründer, Urtyp und Vater C.R.C. gewesen ist, besitzt tatsächlich das Haus Sancti Spiritus. Obwohl verborgen für das profane Auge, ist dieses Haus deutlich sichtbar und zu finden. Es manifestiert sich periodisch dann, wenn im Lauf der Zeiten Zeitwenden eintreten, wie zum Beispiel vor vierhundert Jahren und wie zum Beispiel heute. Jeder, der die Zeit vor und nach Andreä studiert, muß einen gewaltigen geistigen Impuls feststellen, der an verschiedenen Orten und in vielen Menschen unabhängig voneinander Reaktionen verursachte.

Die Idee, das große Ideal, der Ruf der Bruderschaft ist aber nicht auf das Jahr 1600 fixiert! Die Bruderschaft hat sich immer offenbart, wenn ein neuer geistiger Impuls zur Menschheit ausging, und sie hat zu allen Zeiten daran mitgewirkt.

C.R.C. ist nicht aus der Feder eines Menschen geflossen. Er ist eine Realität und er ist es immer gewesen. Doch wir sind davon überzeugt, daß die Weisheit und die Lehren, die mit dem Namen C.R.C. verbunden sind, viel älter als das Jahr 1600 sind. Das Haus Sancti Spiritus ist denn auch ein geistiges Haus. Modern gesagt: es ist ein elektromagnetisches Strahlungsfeld, das auf alle inspirierend wirkt, die dazu geadelt sind, auf alle, die dazu gerufen sind und dafür offen stehen. Wer sind diese Menschen?

Es sind diejenigen, deren Lebenshaltung eine geistige Reinheit aufweist und die in ihrer Seele zugänglich sind. Die Tatsache, daß diese Zeitenwende durch mächtige Strahlungseinflüsse geistiger Art hervorgerufen wird, die aus dem Makrokosmos zu uns kommen, ist der Grund, warum die Bruderschaft des Goldenen Rosenkreuzes als Nachfolger der klassischen Rosenkreuzer vor vierhundert Jahren auftritt. Die Zeitenwende, auf die in der neuen Fama, dem neuen »Ruf der Bruderschaft des Rosenkreuz«, hingewiesen wird, gilt für die gesamte Menschheit. Sie gilt nicht für einige sektiererische Gruppen, sondern weist auf eine unwiderrufliche Wende im gesamten Weltengang hin, in der jeder Mensch, jedes Volk, jede Rasse naturnotwendig Partei ist. Wir möchten einige Zitate aus dieser neuen Fama des Jahres 1952 bringen, niedergeschrieben durch J. v. Rijckenborgh:

»Die Goldenen Rosenkreuzer der Universellen Bruderschaft haben die gesamte Menschheit herzlich lieb. Die Bruderschaft will allen, die dies wünschen, ohne jede Ausnahme, voll und ganz dienen. Sie erteilt keine Einweihungen und verschenkt keine besonderen Vorrechte an einige Auserwählte. Sie ist für alle da und steht allen Rassen und Völkern, allen politischen, sozialen und ökonomischen Richtungen und Bewegungen vollkommen frei und objektiv gegenüber. Denn die Bruderschaft besitzt bei ihrem Menschheitsdienst nicht das geringste Interesse an dieser dialektischen Weltordnung. Die Bruderschaft widmet sich dem ursprünglichen Königreich, das nicht von dieser Welt ist. Wir sagen es mit Absicht und Nachdruck: die Bruderschaft widmet sich dem

Reich des Christus. Dieses Reich des Christus ist eine lebendige Wirklichkeit, eine Aktualität, eine Weltordnung, die weder in der Stoffsphäre noch in der Spiegelsphäre, im Jenseits, gefunden werden kann. Diese Ordnung gibt sich in unserer Welt nicht durch Menschen oder menschliche Autoritäten zu erkennen, sondern vor allem und in erster Linie durch Kräfte. Diese Kräfte werden mit vielen Namen bezeichnet, und mit einer dieser Bezeichnungen wollen wir Sie nun bekannt machen. Um die Kräfte des bruderschaftlichen Feldes anzudeuten, sprechen wir oft von elektromagnetischen Strahlungen. Darauf wollen wir Ihre Aufmerksamkeit besonders richten, denn diese elektromagnetischen Strahlungen will die moderne *Fama Fraternitatis* unterstützen und wirksam machen. Es gibt ein elektromagnetisches Strahlungsfeld, welches das Leben in unserer gewohnten Welt erhält; und es gibt ein anderes elektromagnetisches Strahlungsfeld, das zu einem anderen Universum als dem uns bekannten gehört. Auf dieses Feld gründet sich unsere moderne *Fama Fraternitatis*.

Wir bringen also keine neue Idee, keine neue Spekulation, sondern die Ankündigung eines neuen Menschheitsweges, auf den wir uns alle besinnen müssen. Dabei geht es nicht um ein Geschehen, das sich in zehn oder zwanzig Jahren entwickeln wird, so daß Sie diese *Fama Fraternitatis* zu der ganzen Reihe Prophezeiungen legen können, die es bereits gibt. Nein, es geht hier um ein Geschehen, das bereits begonnen hat und von dem wir alle stark betroffen sind. Unsere Fama erscheint also im rechten Augenblick, in dem man sagen kann: Kommt und seht!

Was ist die Bruderschaft? Sie ist anders, als Sie es sich vielleicht vorstellen können oder als man es Ihnen vielleicht gesagt hat. Die Bruderschaft ist die Einheit der Wohlgesinnten, die Gemeinschaft der Gotteskinder. Alle die mit dem offenen Rosenherzen am geoffenbarten neuen Strahlungsfeld Anteil erhalten, werden in die Kette der Bruderschaft aufgenommen. Die Stärke dieser Verbindung bestimmen wir selbst durch unseren eigenen Seinszustand. Keiner kann Ihre Aufnahme in die Bruderschaft verhindern, es sei denn, Sie selbst widerstreben ihr.«

Der Pfad des C.R.C., dargestellt in der Mysterienerzählung der Alchimischen Hochzeit, ist ein Weg, der im Menschen selbst gegangen werden muß. Es ist der Prozeß, der von der alchimischen Transmutation zur Transfiguration führt. C.R.C. bedeutet dann auch für unsere Zeit, den Weg selbst zu gehen; selbst die sieben Stufen zu den drei Tempeln zu besteigen, die auf dem Berge stehen: Geist, Seele und ein neuer Körper; selbst die sieben Schöpfungstage zum neuen Menschen in sich zu bewirken. C.R.C. ist denn auch in jedem Menschen versunken. Sein Grab ist in unserem Mikrokosmos verborgen. Aus diesem Grab in uns muß C.R.C. auferstehen. Darum sagte Theophilus Schweighardt: »Gehe in dich selbst.« In uns muß denn auch die transfiguristische Alchimie des C.R.C. stattfinden. Paulus hat gesagt: »Die ganze Schöpfung wartet auf die Offenbarung, auf die Auferstehung der Kinder Gottes.« Und wo ist das Kind Gottes? Es findet sich im Herzen. Es ist die Perle, die Rose, das Saatkorn Jesu. Darum heißt es: Jesus mihi omnia – Jesus ist mir alles. Die Bruderschaft des Goldenen Rosenkreuzes stellt darum C.R.C. in das aktuelle Jetzt; und aufs neue gilt dann, auch für unsere Zeit: seinem Vorbild zu folgen.

5

Johann Valentin Andreä – Phönix der Renaissance

Wie sieht das Leben eines Menschen aus, der vom Impuls des Christian Rosenkreuz berührt ist und ihn im Leben umsetzt? Die Biographie des Johann Valentin Andreä zeigt, daß die äußeren Ereignisse eines Lebens, seien es private, seien es öffentliche, immer nur der Stoff sind, in dem sich die inneren Eigenschaften des Menschen bewähren und zum Ausdruck kommen müssen.

Im Jahre 1601, als Johann Valentin Andreä 15 Jahre alt ist, stirbt sein Vater Johann, der Pfarrer in Königsbronn war. Seine Mutter, Maria Moser, bleibt allein mit sechs Kindern zurück. Ihr Mann, der von einem Tag auf den anderen gelebt hat, freigebig und ganz der Schrift gemäß, läßt sie mittellos zurück. Die Familie zieht nach Tübingen um, wo einige gute Freunde wohnen. Durch eine Ungeschicklichkeit zieht sich der junge Valentin unterwegs eine Behinderung zu, durch die er während seines ganzen weiteren Lebens hinken wird. Dies hindert ihn jedoch nicht daran, zwei Jahre später sein Schlußexamen zu bestehen. Er stürzt sich auf die zeitgenössische Literatur, der er die meisten seiner Nächte opfert. Anfangs ist er vor allem an Geschichte, Philosophie und Philologie interessiert. Sein Traum, große Reisen zu unternehmen, veranlaßt ihn, sich mit Sprachen zu beschäftigen. Später fesseln ihn die Wissenschaften wie Mathematik, Optik und Sternenkunde. Er erinnert sich auch daran, daß sein Vater im Pfarrhaus ein alchimisches Laboratorium besaß.

Der vielversprechende Student bereitet sich auf seine seelsorgerische Tätigkeit vor, wie denn auch sein Vater und Großvater Seelsorger waren. Letzer war Mitunterzeichner der Formulae Concordiae (1580), deren Ziel die Verwirklichung der Einheit der lutherischen Kirche war. Andreä absolviert sein Theologiestudium in Tübingen unter den günstigsten Bedingungen. Die Hochgestellten der Akademie, die – wie übrigens das gesamte Herzogtum Württemberg – eine Bastion lutherischer Orthodoxie ist, unterstützen ihn. Die Universität Tübingen ist ein lebendiger Brennpunkt des Geistes der Renaissance. Ermutigt durch Herzog Friedrich von Württemberg versammeln sich dort Gelehrte verschiedener Disziplinen: Alchimisten, Therapeuten, Astrologen und andere. Darunter befinden sich viele geistige Rebellen, die den Unwillen des Fürsten wecken, so daß dieser den ihm wohlgesonnenen, einflußreichen Matthäus Enzlin, einen geschickten Juristen und Professor des römischen Rechts, zu seinem persönlichen Berater ernennt.

Im Jahre 1607, zwei Jahre nachdem Andreä seinen akademischen Titel erworben hat, sieht er seine Zukunft durch einen »schwarzen Sturm« bedroht. In der Schrift *Vita ab ipso conscripta*, seiner Autobiographie, erzählt er bildhaft – in der Form eines Alptraums –, wie eine schwarze Wolke auf die Stadt niedergeht, durch das Fenster eindringt und ihn beschmutzt. Es handelt sich bei dieser Wolke um ein von einigen Studenten verfaßtes satirisches Pamphlet auf die Obrigkeit. Matthäus Enzlin fühlt sich als Vertreter der örtlichen Autorität persönlich angegriffen. Er reicht Klage ein, um das »abscheuliche Pamphlet« anzuprangern. Dieser Vorfall hat für den in diesen Skandal verwickelten jungen Studenten Andreä verhängnisvolle Folgen. Auf Anraten seiner Beschützer begibt er sich auf Reisen, um so die Aufmerksamkeit von sich abzulenken.

Reisen
Während seiner vielen Reisen, die er als »akademisch« bezeichnet, sammelt er zahlreiche Erkenntnisse und schließt viele Freundschaften. Am Calvinismus beeindruckt ihn vor allem die Organisation der evangelischen Gemeinden. Während einer Reise, die ihn nach Frankreich, in die Schweiz und nach Italien führt, stellt er in Rom fest, wie verdorben und dekadent die katholische Kirche ist. In Bayern ist er Zeuge ernster Zusammenstöße zwischen Katholiken und Protestanten.

1610 beendet Andreä sein Studium mit einer Dissertation. Seine Kandidatur für eine kirchliche Position wird jedoch durch ein Veto aus der Umgebung des Fürsten, der eine entscheidende Stimme bei der Ernennung von Geistlichen hat, zurückgewiesen. Trotz der Unterstützung und Achtung, die Andreä in akademischen Kreisen genießt, wird der brillante Nachkomme der Familie Andreä mutlos. »Langsam aber sicher begann ich, mich von der Theologie abzuwenden und einen Wechsel der Laufbahn in Erwägung zu ziehen,« schreibt er in seiner Autobiographie. Um für seinen Lebensunterhalt zu sorgen, wird er Hauslehrer zweier junger Edelleute.

Er schreibt ein Werk über Erziehung, *Theodosius,* das jedoch nie veröffentlicht wird. Andreä, an allem interessiert, sucht Kontakt zu Uhrmachern, Goldschmieden und Zimmerleuten. Er hat großes Interesse an neuen Techniken und modernen Erfindungen, Springbrunnen, Bergwerken, genialen Mechanismen und Weltkarten. Vieles hiervon wird später in der *Alchimischen Hochzeit des C.R.C.* erwähnt. Während anderer Reisen bemerkt er z.B. auf einer Karte von Gérard Mercator die Stadt Damcar in »Felix Arabia«, die wir in der *Fama Fraternitatis* wiederfinden. Andreä kehrt nach Frankreich und Italien zurück und reist auch nach Österreich. Als er im Jahre 1614 beabsichtigt, in die Niederlande zu reisen, wird er zum Diakon von Vaihingen ernannt. Künftig wird er Deutschland nicht mehr verlassen.

Die Denker, mit denen Andreä freundschaftliche Beziehungen unterhält, beschäftigen sich mit den »höheren Wissenschaften« ihrer Zeit. Als Gelehrte mit großer Sprachkenntnis geben sie ihren Ausführungen universellen Charakter. Man ist nicht nur an der »neuen Welt« interessiert, sondern befaßt sich auch mit dem »Buch der Natur« und mit der »unbekannten Hälfte der Welt«. Viele griechische und lateinische Texte werden im privaten Kreis studiert und es ist keine Ausnahme, wenn an Universitäten wie der von Tübingen Hebräisch, Chaldäisch und Aramäisch gelehrt werden. Porphyrius, Averroes, Al Ghazâli, Geber (Djabir Ibn Hayyân), Maimonides sind Namen, die jeder Sucher kennt. Der Vogel Phönix wird mit dem alchimischen »großen Werk« in Verbindung gebracht. Pansophie, Kabbala, Naometrie, Prophetie, Hermetismus, Astrologie, Philosophie – alles ist vorhanden, um Standardwerke, symbolische Drucke, esoterische Erzählungen und Hieroglyphen zu schaffen. Die Sprache der Zeit und die Art der Argumentation korrespondieren vollkommen mit dem unaufhaltsamen Verlangen nach sozialer Reform und dem tiefen inneren Bedürfnis nach geistiger Wiedergeburt. Es besteht großes Interesse für die geistigen Schätze des Altertums. Auf dem Gebiet der Begriffsbildung werden alle verkalkten Formen verworfen; man protestiert. Der Mensch erstarkt gegenüber den gesellschaftlichen Einrichtungen immer mehr als Individuum. Johann Valentin Andreä ist über den Geist seiner Zeit umfassend informiert.

Er hält Kurse mit von ihm selbst entworfenen Bildern. Er entfaltet seine Kenntnisse und sein Schreibtalent, und mit Hilfe enger Freunde erhalten die berühmten Manifeste der Bruderschaft des Rosenkreuzes ihre endgültige Form. Möglicherweise aber sind diese drei Manifeste ohne Zustimmung Andreäs erschienen. Verpflichtet, sich in seiner kirchlichen Position zu behaupten, verteidigt er sich, als man ihn aufgrund dieser Schriften der Häresie bezichtigt. Um sich gegen jeden Verdacht zu schützen, gibt er eine Erklärung ab, in der er behauptet, mit der »Fabel der Rosenkreuzer« immer nur seinen Spott getrieben zu haben. In seiner *Mythologia Christiana*, die 1619, vier Jahre nach dem anonymen Erscheinen der *Confessio* und der *Fama*, herausgegeben wird, erklärt er, »tatsächlich fragte ich mich mit Erstaunen, wie es einem Irrtum, so ungeheuer und absurd wie diesem, gelingen konnte, fast alle Gebiete des Lebens auf seine Seite zu ziehen.«

Reformation und Renaissance
Angst, Hunger und Tod veranlassen den sterblichen Menschen immer wieder, sich an trügerische Erwartungen, an das Wunderbare und an Weissagungen zu klammern. Dies alles ist ihm ein Lichtpunkt in der Dunkelheit. Das erklärt, warum die öffentliche Diskussion zur Zeit des schwäbischen Theologen durch eine düstere und mystische Sprache gekennzeichnet ist. Es wimmelt von Utopien, Orakelsprüchen und Prophetien, die Tatsachen zu Vorzeichen uminterpretieren. Inmitten all dieser Erscheinungen haben die drei Manifeste der Rosenkreuzer einen unglaublichen Erfolg. Doch repräsentieren sie nur Einzelerscheinungen unter den überaus zahlreichen Büchern und Manuskripten, mit denen sich viele Intellektuelle, genährt durch das Klima der Renaissance, beschäftigen.

Das Gesamtwerk Andreäs gibt einer umfangreichen christlichen Mythologie – im Geist der Zeit – Ausdruck. Antriebskraft ist in erster Linie das Verlangen, die verdorbene Welt vollständig umgestaltet zu sehen, dann die Frage danach, welche Rolle die Wissenschaft und das Bewußtsein in diesem Zusammenhang spielen können und schließlich die weitreichende Prophezeiung, daß dies alles durch göttlichen Ratschluß geschehen werde. Aber grundlegend in Andreäs gesamtem Werk ist, daß er all diese Mittel einsetzt, um seine Zeitgenossen zu wahrer christlicher Lebenspraxis, zu innerer Reform, anzuspornen. Scholastik, Quacksalber, Universitäten, Handel, Rechtsprechung, Astrologie, Politik – seine geniale Feder schont nichts und niemanden. Weil er sich im allgemeinen nicht davor scheut, durch das Anprangern von Unrecht und Betrug Anstoß zu erregen, entfesselt er heftige Reaktionen, vor allem auf Seiten der Anhänger des Bündnisses zwischen Staat und Kirche und hauptsächlich seit den anrüchigen Ereignissen um das Pamphlet von 1607 und der Verwirrung um seine Person nach dem Erscheinen der Manifeste R.C.

Der Autor
Seine lebendige Intelligenz und vielseitige Ausbildung stellt Andreä in den Dienst seines Auftrages: das Bewußtsein der Menschen zu wecken, die Wahrheit wiederzubeleben und die Gesellschaft den Normen des wahren Christentums entsprechend zu reorganisieren. Zu diesem Zweck macht er Gebrauch von Geheimschrift, Paradoxen, Rätseln, Symbolen, Allegorien, Verteidigungsschriften, Numerologie usw. Einmal bedient er sich der Sprache der »höheren Wissenschaften« und der Intellektuellen, ein anderes Mal verwendet er Bilder und Allegorien, um seine Leser zu einem reinen Verlangen nach ursprünglichen Werten zu führen. Als Spezialist im Demaskieren von Betrug und Illusion konstatiert er den Schaden, den Pseudo-Wissenschaft und exakte Wissenschaft verursachen, wenn sie für falsche Ziele eingesetzt werden.

Andreäs schriftstellerisches Werk verdient vielleicht die größte Aufmerksamkeit, wenn er versucht, die Essenz des Christentums zu vermitteln. So werden in vielen seiner Werke die christlichen Werte und das christliche Auferstehungsmysterium ausgedrückt und in Bildern und literarischen und philosophischen Ausdrucksweisen formuliert, die den Mythen, der Kabbala, der Alchimie und anderen »höheren Wissenschaften« entnommen sind. Auf diese Weise verlieren alle Symbole und Rätsel, die beim neugierigen ebenso wie beim ernsthaften Sucher – beide gleichermaßen süchtig nach Hermetismus-Resonanz finden, ihre losgelöste Bedeutung, und es stellt sich heraus, daß sie nichts anderes sind als Form und Sprache im Dienst der einen erhabenen Sache. In diesem Sinn ist die *Alchimische Hochzeit des C.R.C.* eine hermetische Schrift, die jedoch allen aufrechten Suchern, die sich an der unantastbaren Kraft des Geistes laben wollen und können und durch diese Kraft gereinigt werden wollen, zu einem Bronn christlicher Spiritualität transformiert wird. Auf der anderen Seite wendet sich der herkulesgleiche Verteidiger des wahren Christentums feurig und mit psychologischer Einsicht gegen die Wankelmütigen, Gutgläubigen, Abergläubischen und Berechnenden, die ihren Traum des Vollkommenen auf das Rosenkreuz projizieren und die von der Bruderschaft R.C. erwarten, daß deren Zaubermittel ihre eigenen Mängel kompensieren werden.

In Vaihingen läßt seine Aufgabe als stellvertretender Pfarrer Andreä viel freie Zeit. Er verkehrt in intellektuell-christlichen Kreisen. Vielleicht ist dort die Idee von der *Christianae Societatis Imago* entstanden, ein ähnliches Werk wie *Reipublicae Christianapolitanae Descriptio*. Anfangs richtete er seine Auffassungen über die ideale Gesellschaft an die besten seiner »secretissimorum amicorum«. Seine engen Freunde beschäftigen sich besonders mit Alchimie, Pansophie, Kabbala,

Numerologie, Prophetie usw. Die Texte von Hermes, Plato, Porphyrius, Paracelsus und Böhme befinden sich in ihrem Besitz. Der Inhalt der *Civitas Solis* von Campanella, die Lehrsätze John Dees und das *Amphiteatrum Sapientiae Aeternae* von Khunrath studieren sie gründlich. Wenigstens kann man annehmen, daß dies alles bereits in den drei Texten, die als die Manifeste der Rosenkreuzer betrachtet werden, verarbeitet und aktualisiert ist. Die Linien spiritueller Verwandtschaft sind jedenfalls deutlich. Die Axiome Besolds, Andreäs und anderer enger Freunde sind vom Ideal einer wahrlich christlichen Gemeinschaft durchdrungen; dies bedeutet daß, wer die wahre *imitatio Christi* im täglichen Leben realisieren will, wohl *in* der Welt, aber nicht *von* der Welt sein muß. Die beste Weise, dies zu verwirklichen, ist, zu bedenken, daß wir nur Bewahrer all dessen sind, was ist, und daß wir dies gebrauchen dürfen, um unseren Mitmenschen beizustehen. Eine konkrete Anwendung dieses Gedankens ist das 1621 in Calw errichtete Färberstift. Die Statuten dieser Wohltätigkeitseinrichtung richten sich besonders auf Seelsorge, die Lehrsätze Luthers, das regelmäßige Spenden der Sakramente, eine mit den christlichen Forderungen übereinstimmende Lebenshaltung und die Veränderung einer nur dem Namen nach bekannten Religion in eine als wirksam und aktiv bekannte. Dieses praktische Vorbild der Ausübung christlicher Nächstenliebe wird von langer Dauer sein: die Stiftung ist bis 1963 aktiv geblieben!

Verwüstungen
Im ersten Jahrzehnt des siebzehnten Jahrhunderts wütet in verschiedenen Staaten Deutschlands, darunter auch in Württemberg, die Pest. Einige Gebiete werden total entvölkert. Außer von schrecklichen Unwettern und Mißernten wird Tübingen auch von einer Überschwemmung heimgesucht. Die theologische Fakultät ist gezwungen, nach Calw umzuziehen. Überall herrschen Knappheit und hohe Preise. Es ist

auch die Zeit der Verfolgung von Ketzern und Hexen. Diese Verfolgungen werden nicht nur von katholischer Seite veranlaßt. Noch kein halbes Jahrhundert vorher, zur Zeit Calvins, wurde Michel Servet auf einem »sanften« Feuer verbrannt. Auch in Vaihingen, wo Johann Valentin Andreä Pfarrer ist, werden unschuldige Frauen gefoltert und zum Scheiterhaufen geführt. Eine »Hexenchronik« von 1616 bezeugt ein großes Gemetzel, das in Tübingen stattgefunden hat. Andreä klagt diese unmenschlichen und unchristlichen Praktiken mit großer Empörung an. Er empfindet übrigens große Bewunderung für den spanischen Theologen und Humanisten Juan Luis Vivès, der eine unbarmherzige Kritik der Hexenprozesse publizierte. Auch Erasmus von Rotterdam, ein anderer Humanist, der mit seiner Meinung nicht zurückhält, ist einer der Autoren, für die Johann Valentin Andreä Sympathie empfindet. Das Höchstmaß des Unglücks ist erreicht, als das Herzogtum Württemberg auch noch durch den Dreißigjährigen Krieg getroffen wird. Calw wird 1634 nahezu vollständig durch bayerische, schwedische und kroatische Truppen verwüstet. Der Pfarrer Andreä, der sich aufgrund seiner Bekanntheit als lutherischer Führer besonders exponiert weiß, sieht, wie die Mehrzahl der Einwohner sein Haus durch Brand total zerstört. Seine Bibliothek von unschätzbarem Wert ist zu Asche geworden, ebenso zahllose wertvolle Manuskripte und noch nicht veröffentlichte Werke, seine Musikinstrumente, seine Instrumente für wissenschaftliche Forschung und einige Originalgemälde von Dürer, Cranach und Holbein. In ganz Württemberg vermindert sich die Bevölkerungszahl von 400.000 Seelen auf 60.000.

Kirchlicher Inspektor
Kurz nach dieser tragischen Periode versucht Herzog Eberhard die Situation in seinem Herzogtum wiederherzustellen. Er ernennt einen starken Mann zu seinem Vizeregenten: Fer-

dinand Geizkofler. Dieser erhält alle Macht, nicht allein auf bürgerlichem Gebiet, sondern auch in religiösen Angelegenheiten. Andreä wird die Aufgabe zugewiesen, die lutherische Kirche im Herzogtum zu reorganisieren. Entrüstet über die Schläge, die die Wahrheit immer wieder hinnehmen muß, hat er eine ernsthafte Auseinandersetzung mit dem Machthaber. Andreä wird zum Inspektor ernannt und nach Stuttgart versetzt. Seine Berichte geißeln ohne Zurückhaltung und mit heftiger Empörung den Verfall, die Gleichgültigkeit und die Unwissenheit der Kirche. In dieser Periode ist Andreä gleichzeitig Hofprediger in Stuttgart. Von 1639 bis 1650 hält er mehr als tausend Predigten. Er genießt den Schutz der Herzöge von Braunschweig. Dies ist zum Teil der tiefen Freundschaft zu danken, die ihn seit 1613 mit dem Adeligen Wilhelm von Wense verbindet. Die beiden Freunde teilen ihre Ideen, ihre christlichen Auffassungen und ihre Ideale. Andreä und von Wense gehören der *Societas Christiana* an, wie viele Freunde Johann Valentin Andreäs, die davon ausgehen, daß zunächst eine innere Reform der Christen verwirklicht werden muß, bevor man zu einer gesellschaftlichen Reform gelangen kann. Ebenso wie bei der Idee des Färberstifts geht es in der *Societas Christiana* darum, in einer christlichen Lebenshaltung das Konkrete mit dem Abstrakten zu verbinden. Die ununterbrochene Sorge Andreäs ist, wie Himmel und Erde zu vereinen seien.

Johann Valentin Andreä heiratet im selben Jahr, in dem seine kirchliche Laufbahn beginnt: 1614, Agnes Elisabeth Grüninger, Tochter aus einer Familie, die berühmt ist wegen der lutherischen Würdenträger, die aus ihr hervorgehen, wird ihm neun Kinder schenken. Einige davon sterben sehr jung. Ein zehnjähriger epileptischer Sohn stirbt während der Zerstörung Calws. Gottlieb, der jüngste von drei Söhnen, folgt der Linie der theologischen Tradition der Familie und zeichnet sich durch christliche Dichtungen aus. Während des Dreißigjährigen Krieges zeugt das Auftreten des Pfarrers aus Calw von großem Mut. Seine Menschenliebe führt ihn zu heldenhaftem Eifer bei seinem Einsatz für die unglücklichen Kriegsopfer. Als er Calw verläßt, um sich in Stuttgart niederzulassen, hat er den Eindruck, damit die ihm anvertraute Arche im Stich zu lassen. Niemals jedoch nimmt er sein Geschick und Unglück anders an, denn als eine Gabe von Gottes Gnade. Es scheint ihn nur noch arbeitsamer zu machen. Der Krieg verwandelt das Herzogtum in ein Katastrophengebiet. Glücklicherweise erfährt Andreä bei seinem Versuch, nicht allein die Kirche Württembergs aus ihrem Trümmerhaufen wiedererstehen zu lassen, sondern auch den moralischen Zustand der Überlebenden wiederherzustellen, große Unterstützung durch Herzog August von Braunschweig. Als Ratsherr des Stuttgarter Kirchenrates überwacht er die Evangelisierung und den moralischen Aufbau der mutlosen Bevölkerung. Auch nimmt er den Kampf gegen die Zügellosigkeit der Sitten auf. *Theophilus*, sein letztes Werk, erscheint 1649. Er lenkt hierin die Aufmerksamkeit auf die große Bedeutung des Erziehungssystems und des gottesdienstlichen und moralischen Unterrichts für das Wohl des Staates. Schließlich gelingt es dem großen kirchlichen Leiter Stuttgarts, den Einfluß der Kirche auf die Gemeinschaft wachsen zu lassen. Jedoch muß jeder wahre Christ sein *Christianopolis* als Wohnstätte Christi in sich tragen. Der Stuttgarter Kirchenrat hat allen Grund, den unermüdlichen Hirten aus Schwaben den »Phönix der Theologen« zu nennen. Obgleich er zum allgemeinen Supervisor und Abt benannt wird, konnte Johann Valentin Andreä über seinen Lebensweg kein anderes Urteil aussprechen, als das in seiner Autobiographie niedergeschriebene: »Mein Leben hat keinen regelmäßigen Lauf gekannt, sondern hat über zahllose Umwege geführt.« Dann kommt der Augenblick, in dem seine Gesundheit stark nachläßt. Allmählich wird er schwächer und verliert teilweise Gehör und Sehvermögen. Seinen letzten Brief richtet er an Herzog August von Braunschweig, der ihn ebensosehr liebt wie achtet. Dann verläßt dieser christliche Herkules, der Phönix der Theologen, der Steuermann der Wiedergeburt des wahren Christentums, diese Welt. Er geht der Arche voraus, die ihm anvertraut war.

6

Christianopolis: Der goldene Faden durch die Jahrhunderte

Existierte damals, Anfang des 17. Jahrhunderts, wirklich ein Orden vom Rosenkreuz? Die drei Rosenkreuzer-Manifeste sprachen von einem solchen. Aber Menschen, die auf die Aufforderung der Manifeste reagierten und nach dem Orden suchten, erhielten keine Antwort. Und Dokumente, die einen Orden konkret nachgewiesen hätten, hat man nicht gefunden.

Das Rätsel löst sich, wenn man zwischen dem spirituellen Kern eines Ordens und seiner äußeren Organisation unterscheidet. Eine äußere Organisation hat es wohl tatsächlich nicht gegeben, sieht man von den in den Anfängen steckengebliebenen Bemühungen Andreäs um die Bildung einer Gemeinschaft »Societas Christiana« ab. Sollte eine solche Organisation von den Brüdern des Rosenkreuzes geplant gewesen sein, so wurde dieser Plan jedenfalls wegen der Wirren des Dreißigjährigen Krieges und wegen der zum Teil bizarren Reaktionen auf die Manifeste wieder aufgegeben. Denn was hätte eine Organisation bewirken können, in der Wirrköpfe oder Menschen, die das Prinzip Christian Rosenkreuz nur zur Verfolgung ihrer eigenen Interessen benutzten, tonangebend gewesen wären?

Demgegenüber existierte und existiert aber eine spirituelle Gemeinschaft all derer, die vom Prinzip Christian Rosenkreuz innerlich ergriffen waren und es im Leben umsetzten: ein »Haus Sancti Spiritus«. Die Mitglieder müssen sich dabei nicht Rosenkreuzer *genannt* haben oder überhaupt äußerlich mit den Verfassern der Rosenkreuzer-Schriften in Beziehung gestanden haben.

Im letzten Abschnitt des dreizehnten Jahrhunderts bildeten zwölf Abgesandte der Bruderschaft des Rosenkreuzes als Vertreter der vorchristlichen Mysterien und als deren Fortsetzer für die kommenden Jahrhunderte einen Zirkel. Innerhalb dieses besonderen Zirkels der Vertreter der Bruderschaft in der stofflichen Welt trat ein dreizehnter Bruder als direkter Vergegenwärtiger der Christus Hierarchie hervor, der uns unter dem Mysteriennamen Christian Rosenkreuz bekannt ist.

So nahm die sichtbare Arbeit der Bruderschaft des Rosenkreuzes im Mittelalter in Europa Gestalt an, lebend und wirkend aus der Kraft der heiligen Bruderkette, des Arbeitsfeldes des Tempels der Weisheit, in dem die Mysterien zu allen Zeiten wirksam sind und als Arbeit der in die Gnosis Eingeweihten ausgeführt werden.

Alle geoffenbarten Mysterien, von den persischen Magiern, den Prophezeiungen der Chaldäer, der hermetischen Weisheit der alten Ägypter, der Erkenntnis der griechischen Eingeweihten, der indischen Gymnosophisten und der chinesischen Taoisten bis zur frühchristlichen Gnosis, fügten sich im Mittelalter zusammen im Haus Sancti Spiritus der Brüder des Rosenkreuzes, in dem geistigen Gebäude, von dem die *Fama Fraternitatis* sagt: »Und hätten es auch Hunderttausende aus der Nähe gesehen, so wird es doch in Ewigkeit von der gottlosen Welt unberührt, unzerstörbar, unsichtbar und vollkommen verborgen bleiben.«

Auf die besondere Zusammenkunft im dreizehnten Jahrhundert folgte im nächsten Jahrhundert ein abwechselnd individuelles und kollektives Auftreten der Brüder des Rosenkreuzes. Ihre erhabene Kenntnis und die Anwendung der uralten Mysterien, die königliche Kunst des Bauens und die Transmutation wurde tief in das Bewußtsein jenes Teils der Menschheit eingeätzt, der für die christlichen Mysterien empfänglich war.

Im fünfzehnten Jahrhundert, der Zeit der Renaissance, empfing die Menschheit erneut einen starken Impuls. Es war der Beginn der Wiederherstellung des uralten Tempels der Weisheit. Denn die alten Ideale der griechischen Akademie des Plato traten ebenso wie die hermetische Tradition wieder ans Tageslicht, jedoch jetzt in einer erneuerten Relation zum universellen Christentum. Zum ersten Mal wurde deutlicher sichtbar, was in der erwähnten besonderen Zusammenkunft im dreizehnten Jahrhundert von dem Zirkel der Eingeweihten vorbereitet worden war.

Es war eine Vorbereitung gewesen, die in erster Linie in den höchsten Äthersphären innerhalb und außerhalb der Erde stattfand, welche mit unserem Lebensfeld verbunden wurden. Jetzt aber offenbarten sich die Ergebnisse dieser Vorbereitung in der stofflichen Welt als ein wahrhaftiger Weckruf, als ein Posaunenstoß, der die Menschen aufforderte, zu erwachen. Es war die Aurora der Bewußtwerdung Europas.

Im fünfzehnten, sechszehnten und siebzehnten Jahrhundert, der geistigen Blütezeit Europas, trat eine Anzahl geistiger Inspiratoren auf, Menschen wie Marsilio Ficino, Giordano Bruno, Thomas Campanella, Thomas More, Francis Bacon und viele andere. Sie beschrieben unter anderem Christianopolis, den Sonnenstaat, das Eiland Utopia, die Christenburg, das neue Atlantis als eine erhabene Möglichkeit, Prophezeiung Wirklichkeit werden zu lassen und ein neues Jerusalem mit seiner zwölffach gegliederten Umfassungsmauer und den zwölf Pforten darin, durch die der Christus eintreten kann, zu erbauen.

Große Philosophen entwarfen ein neues Weltbild und stellten nicht mehr die Erde, sondern die Sonne in den Mittelpunkt. Das Gedankenbild des heliozentrischen Sonnensystems wurde entwickelt. Parallel dazu erwachte im Menschen das Bewußtsein, daß eine Geistseele existiert und daß es notwendig ist, sie im eigenen Mikrokosmos zu erwecken. So stand jetzt nicht nur die makrokosmische Sonne im Mittelpunkt, sondern es wurde auch die erhabene geistige Sonne als Zentrum des menschlichen Mikrokosmos erkannt, von der die Strahlungen zur Befreiung des Mikrokosmos ausgehen. Der Akzent wurde von der Erde zur Sonne als Mittelpunkt und von der irdischen Persönlichkeit zur Geistsonne des Mikrokosmos verlegt. Das Mysterium der Transfiguration der irdischen Persönlichkeit zu einer vom Geist durchdrungenen Persönlichkeit wurde zum ersten Mal in verschiedenen Schriften behandelt.

Durch die ebenfalls in dieser Zeit entstandene Buchdruckerkunst wurde diese Entdeckung in ganz Europa verbreitet. Diese Zeugnisse kamen nicht nur in den neuen Schriften zum Ausdruck, sondern auch in Kunst, Wissenschaft und Religion. Sie wiesen symbolisch auf eine andere kosmische Konstellation hin, auf eine neue Himmel-Erde, das neue Jerusalem. Und es wurde stets deutlicher, daß sie auf ein Reich hinwiesen, »das nicht von dieser Welt ist« (Johannes 18/36).

Das Europa des sechzehnten Jahrhunderts lag allenthalben in Geburtswehen. Es war die Zeit der Reformation Luthers, aber auch die Zeit des Paracelsus, der bei den Rosenkreuzern so beliebt war, des gottesfürchtigen Jacob Boehme und des vielen unbekannt gebliebenen, stillen, spirituellen Menschen Valentin Weigel. Aber vor allem war es auch die Zeit der Brüder des klassischen Rosenkreuzes, die am Beginn des siebzehnten Jahrhunderts zusammen überlegten, wie die sichtbare und trotzdem verborgene Arbeit des Rosenkreuzes entwickelt werden könnte. Es ging um die Arbeit, wie sie zum Ausdruck kommt in der *Fama Fraternitatis R. C.,* der *Confessio Fraternitatis R.C.* und in *Die chymische Hochzeit Christiani Rosencreuz*, den berühmten Werken von Johann Valentin Andreä und seiner Brüder, wie Johannes Arndt, Christian Besold und Tobias Hess, um nur einige zu nennen. Deutlicher als je zuvor in der Geschichte Europas stand das Haus Sancti Spiritus, der klassische dreifache Tempel der Weisheit, mitten in der Welt mit allen entsprechenden Möglichkeiten.

Wir wollen in diesem Zusammenhang auch auf das junge, selbstbewußte Holland hinweisen, das im Europa des siebzehnten Jahrhunderts – welches größtenteils noch unter dem Einfluß der Römischen Kirche stand – vielen großen europäischen Philosophen, die anderswo verfolgt wurden, Obdach und Schutz bot. Wir nennen den tiefsinnigen Johann Amos Comenius, der mit Johann Valentin Andreä korrespondierte und von ihm den Auftrag empfing, die Fackel des Lichtes der Christus-Hierarchie weiterzutragen. Wir denken auch an Spinoza und an Johann Gichtel, der ein Bewunderer Jacob Boehmes war, und an einflußreiche Menschen wie Koenraad van Beuningen, Bürgermeister von Amsterdam, und an den Kaufmann Willem van Beierland. Sie sorgten nämlich dafür, daß Jacob Boehmes Werke gedruckt wurden und für die folgenden Geschlechter bewahrt blieben.

Das Amsterdam des siebzehnten Jahrhunderts war eine Schatzkammer europäischer Weisheit, in der viele aus ihrem Land vertriebene Philosophen mit ihren Schriften Zuflucht und einen sicheren Hafen fanden.

In dem für jene Zeit so besonderen Holland des siebzehnten Jahrhunderts – in dem anderswo von geistiger Toleranz noch kaum gesprochen werden konnte – wurde dreihundert Jahre nach der Stiftung des Goldenen Vlieses im Brügge der südlichen Niederlande die Basis gelegt für die sich weiter offenbarende Bruderschaft des Rosenkreuzes. Es war dieselbe Zeit, in welcher die Kriegsgewalt Deutschland in Blut und Tränen tauchte und in Frankreich der geliebte Henri der Vierte, König von Frankreich und Aragon, ein Zweig aus dem ruhmreichen Geschlecht der Grafen von Foix, ermordet wurde. Dieser »bon roi Henri« gab den Auftrag, die Grotte Lombrives im Tal der Ariège zu öffnen und die darin in Kreisen zu zwölf liegenden stofflichen Reste der katharischen Brüder und Schwestern in ein Grab im nahe gelegenen Tarascon zu überführen.

Das Ideal der Brüder des Rosenkreuzes faßte Fuß in den niederen Ländern am Meer, die mit der gesamten, damals bekannten Welt enge Beziehungen unterhielten. Ihre strategische Lage, die Religionsfreiheit und die große Verträglichkeit Andersdenkenden gegenüber wurden zum Begriff in der Welt. Und das Land wurde zum sicheren Zufluchtsort für die Inspiratoren der geistigen Bewußtwerdung in Europa.

Daher ist es kein Wunder, daß *Der Ruf der Bruderschaft des Rosenkreuzes*, die *Fama Fraternitatis R. C.,* nicht nur in deutscher Sprache erschien, sondern fast gleichzeitig auch in niederländisch. Der Ruf, der am Beginn des siebzehnten Jahrhunderts erklungen war, fand großen Widerhall und hat noch bis in das achtzehnte und neunzehnte Jahrhundert das geistige Leben in Europa beeinflußt. So wurden auch die Aspekte der göttlichen Alchimie, die Weisheit der christlichen Kabbala und die erhabenen Aspekte der gnostischen Magie in einem Prozeß der Transmutation mit der Menschheit verbunden.

Stets deutlicher erkannten viele, daß das Leben des Menschen auf Erden nicht seine Endbestimmung ist, sondern daß es ein anderes, viel erhabeneres Lebensziel gibt. So entdeckte der Mensch unter dem Einfluß der Impulse der sich offenbarenden Bruderschaft, daß sein Zentrum die geistige Sonne Vulcanus ist. Er erkannte, daß sein Seelenopfer auf dem Altar des Menschendienstes eine neue Geist-Seelen-Konstellation entstehen läßt, in der die alte Persönlichkeit auf dieser Erde dienstbar sein darf, die auch »die Übungsschule der Ewigkeit« genannt wird.

In diesem atmosphärisch und spirituell so reich gesegneten Teil Europas wirkten die Brüder des Rosenkreuzes in geweihter Stille am Feld der Offenbarung, das in unserem zwanzigsten Jahrhundert der nun sichtbaren und für die gesamte Welt und Menschheit wahrnehmbaren Arbeit des Christian Rosenkreuz und seiner Brüder Platz bietet.

Christian Rosenkreuz ist der Prototyp des Transfiguristen. Alle, die in seine Fußspuren treten, bilden in diesem Sinne seine Bruderschaft. Und jene, die dazugehören, haben in einer jahrhundertelangen, ununterbrochenen Vorbereitungsarbeit das Entstehen der klassischen Pyramide, des siebenfachen geistigen Kosmos, des wirklichen *Christianopolis*, ermöglicht.

Die Entwicklung der Aktivitäten der Geistesschule des Goldenen Rosenkreuzes in der Gegenwart zeigt deutlich die Planmäßigkeit dieser Arbeit und den starken Impuls, der von dem Werk Jan van Rijckenborghs und Frau Catharose de Petris in unmittelbarer Verbindung mit dem spirituellen Feld unseres Vaters, Bruder Christian Rosenkreuz, ausgeht. Daher erkennen wir auch in der Arbeit der heutigen Geistesschule den Bau einer Pyramide, die vollkommen mit der Arbeit korrespondiert, die in den vergangenen Jahrhunderten verrichtet wurde.

Es wird stets wieder erneut ein solches Erntefeld gebildet, und zwar von unten her, aber inspiriert und emporgezogen durch die Hilfe und die Kraft aller vorangehenden Offenbarungen der Universellen Bruderschaft, zu der alle transfiguristischen Bruderschaften gehören.

So ist dann die Verwirklichung des klassischen Ideals der Brüder des Rosenkreuzes vom Beginn des siebzehnten Jahrhunderts als Christianopolis, als geistiger Kosmos mit dem Christus als Zentrum, in unseren Tagen in der siebenfachen Arbeit der Geistesschule des Goldenen Rosenkreuzes, des Lectorium Rosicrucianum, vollkommen wirksam.

7

Die sechsfache Übereinkunft der Brüder des Rosenkreuzes

Das Grundgesetz der Bruderschaft
Die sechsfache Übereinkunft der Brüder des Rosenkreuzes basiert auf einem geistigen Grundgesetz. Jede wahre Bruderschaft kennt und besitzt dieses Grundgesetz. Dieses Gesetz manifestierte sich seit der Zeit, als die Menschheit die ursprünglichen, geistigen Pfade verlassen hatte, also seit dem Fall aus der geistigen Welt, in der sie früher lebte. Der Mensch hat die geistigen Welten verlassen. Dies ist eine Tatsache, auf die alle Schöpfungsgeschichten der Welt zurückgehen. Es ist jener dramatische Augenblick, da die Menschheit in die Zeitlichkeit eintritt. Das Wort, daß »Gott die Werke seiner Hände nicht fahren läßt« dürfen wir als unleugbare Tatsache hinstellen. Denn die Bruderschaft hat die Menschen zu allen Zeiten begleitet, um ihnen den Rückweg zu zeigen. Dies geht auf das Grundgesetz der Bruderschaft zurück, auf das geistige Gesetz, das der Arbeit aller, die sich aus dem Hause Sancti Spiritus für die Menschheit einsetzen, zugrunde liegt. Das zentrale Ziel ist die Rettung dessen, was verloren ist. Das Haus Sancti Spiritus, das Haus des heiligen Geistes, ist ein Bauwerk, das als verbindendes Glied zwischen der Todesnatur und den ursprünglichen Lebensfeldern der Menschheit dient. Es ist ein Zwischengebiet, aus dem heraus die befreiende Arbeit verrichtet wird. Aus diesem Grunde steht im *Ruf der Rosenkreuzer Bruderschaft*, daß die Brüder dort regelmäßig zusammenkommen.

Das »Haus Sancti Spiritus« besitzt eine Struktur: Prinzipien, auf denen es aufgebaut ist und nach denen es arbeitet. Die klassischen Rosenkreuzer beschrieben diese Struktur im »Ruf der Rosenkreuzer Bruderschaft« in Gestalt von sechs Axiomen.

In der »*Fama Fraternitatis*«, dem Ruf der Rosenkreuzer-Bruderschaft, wird berichtet, wie die acht Brüder im Hause Sancti Spiritus eine sechsfache Übereinkunft treffen. In diesen sechs Punkten legen sie den ganzen Inhalt und die gesamte Organisation ihrer Arbeit in der Welt fest. Die spirituelle Bedeutung dieser Absprachen ist unmißverständlich, zugleich sind sie ein deutlicher Leitfaden für die tägliche Lebenspraxis eines jeden wahren Lichtträgers.

»Ihre Vereinbarung lautete wie folgt:
Erstens: Niemand von ihnen soll einen anderen Beruf ausüben als Kranke zu heilen, und zwar kostenlos.
Zweitens: Niemand von ihnen soll seitens der Bruderschaft genötigt sein, ein bestimmtes Gewand zu tragen, sondern sich den Gepflogenheiten des Landes fügen.
Drittens: Jedes Jahr, am Tage C., soll jeder Bruder bei Sanctus Spiritus erscheinen oder die Ursache seines Fernbleibens melden.
Viertens: Jeder Bruder soll nach einer würdigen Person Ausschau halten, die nach seinem Tode Nachfolger sein kann.
Fünftens: Das Wort R.C. wird ihr Siegel, ihre Losung und ihr innerstes Wesen sein.
Sechstens: Die Bruderschaft soll hundert Jahre geheim bleiben. Durch diese sechs Artikel verbanden sie sich miteinander.« Soweit der Text im »Ruf der Rosenkreuzer Bruderschaft«.

Den Lichtträger nennt man auch einen »großen« Menschen.

In vielen religiösen Traditionen wird dieser »große« Mensch gerühmt. Seine Signatur wird oftmals als allgegenwärtig angedeutet. Er ist ein Mensch mit allen Möglichkeiten zur Entwicklung und Bewußtwerdung dem Geiste nach. In der Geistesschule des Goldenen Rosenkreuzes wird dieser »große« Mensch als der Zweimal-Geborene angedeutet. Das Große wird aus dem Kleinen geboren; der Keim für die Seele ist das Samenkorn im Herzen. Der Schüler richtet sich täglich auf diese Wirklichkeit und bemüht sich aufrichtig, das zweite Geburtsrecht wiederherzustellen. Er erkennt den Samen des Andern in sich, den Samen, aus dem der »große« Mensch hervorkommen muß. Die Signatur dieses neuen Menschen läßt sich nicht vollständig beschreiben. Wir sagen: Der »große« Mensch ist offen und dadurch sanft und tolerant. Er ist unsichtbar, dadurch kann er überall wirken und anwesend sein. Er ist unkennbar, und dadurch kann er alle Namen tragen. Er ist einfach, dadurch ist er heiter, nicht aufgeblasen und unkompliziert. Er ist niedrig, weil er den Ursprung in sich selbst kennt. Aber er ist noch mehr. Wer er ist und was er tut, ist in den sechs Absprachen der Brüder des Rosenkreuzes beschrieben. Darin liegt ihre Signatur und ihre Übereinkunft.

Der »große« Mensch
Die sechsfache Übereinkunft führt zur Signatur des »großen« Menschen. Wer sie erwerben will, muß wie die Brüder des Rosenkreuzes zur Einfachheit, Einheit und Offenheit zurückkehren. Keine Selbstzufriedenheit, keine Starrheit, keine Engstirnigkeit dürfen auftreten. Nur das Sein aus der Seele erhält die ganze Aufmerksamkeit. Dieser Schüler ist jemand, der überall sein kann, doch nirgends sein muß. Den man fragen kann, der aber auch die Fragen, die in ihm selbst auftreten, erkennt, damit sie seine Dienstbarkeit nicht hindern. Auf verschiedenen Wegen führen die

Artikel stets zur gleichen Schlußfolgerung, daß nämlich alle Arbeit aus dem Hause Sancti Spiritus heraus getan werden muß. Ein »großer« Mensch wird die Verschiedenheit der Wege zum einen Ziel sehen und erkennen. In der Verschiedenheit sieht er den Ursprung – den Ursprung, an dem er und seine Brüder ein- und ausgehen und wohin sie zeitweise wieder zurückkehren oder ihr Fernbleiben melden.

Die Heilmethode der Rosenkreuzer
»Niemand von ihnen soll einen anderen Beruf ausüben als Kranke zu heilen, und dies kostenlos.«
Wenn ein echter Rosenkreuzer sich aufmacht, um in die Welt hinauszugehen und sein befreiendes Werk zu verrichten, dann tut er das, weil er die Welt bis in jede Faser seines Wesens als ein Gefängnis erfährt, in dem seine Mitgeschöpfe durch List, Verrat und Betrug gefangen gehalten werden. Wenn der Punkt erreicht ist, an dem dieses Begreifen erwacht, dann kann er nicht anders, als den Kampf mit den Mächten der Hölle zu beginnen. Denn dieser Mensch weiß ja, was ihn und seine Mitgeschöpfe hier gefangenhält.

Wenn das Kernprinzip der unsterblichen Seele die Grenze zwischen sterblichem und unsterblichem Leben überschritten hat und der Mensch nicht mehr aus zweierlei Raufen ißt, sondern das unsterbliche Wesen in ihm stets mehr mit Licht – der Seelennahrung im wahrsten Sinne des Wortes – genährt wird, hat das gewohnte Lebensfeld des Alltags seine bedrängende und das Leben beschränkende Macht verloren. Dann gibt es prinzipiell kein Flußbett mehr, in das sich die Ströme des Bösen stürzen können. Der tatsächliche Zustand des Menschen ist doch dieser: Der Mensch siecht dahin und verzehrt sich in Finsternis, weil das Licht ihn nicht mehr in dem dunklen Kokon seiner Persönlichkeit erreichen kann. Denn der tägliche Kampf um eine bessere Existenz hat sein Herz verhärtet und unzugänglich gemacht. Entblößt von allem nährenden, heilenden Licht der physischen Sonne sterben Pflanze, Tier und Mensch, ja stirbt die ganze Natur in ihrer biologischen Form. Genauso stirbt ohne das reinigende, nährende, heiligende und heilende Licht, das Gott zum Menschen herabsendet, das Ewigkeits-Prinzip im Menschen. In der Finsternis kann man sich noch für eine Weile mit Kunstlicht aufrechterhalten. Aber die ewige Seele kann nicht mit künstlichem »Licht« leben, wie gerne auch Wissenschaft und Religion uns dies glauben machen möchten. Es dauert lange, sehr lange, bis der Mensch diese erworbene Einsicht in die erneuernde Tat umsetzen will und zielbewußt den Weg zum unsterblichen Leben wählt.

Es ist gut, hier deutlich zu machen, daß die Bosheit dieser Welt organisierter Wahn ist. Ein Wahn, der sich auf Luftschlösser stützt, die sich durch jahrhundertelange Verstärkung durch Gedanken und Rituale zu ungeheuren elektromagnetischen Kraftfeldern entwickelt haben. Diese Kraftfelder beherrschen das Geschick der gefangenen Menschheit. Sie selbst sind ohne Licht und dadurch im erneuernden Sinne kraftlos. Sie existieren durch und auf Kosten ihrer Opfer und führen diese in die Irre, damit sie selbst am Leben bleiben.

Das eigene System gesunden lassen
Die Brüder des Rosenkreuzes haben vor einigen Jahrhunderten eingesehen, daß der Kampf gegen menschliches Elend und Unwissenheit keinen Sinn hat, wenn man nicht die rasch wechselnden Einflüsse dieser auf Selbstbehauptung beruhenden Kraftfelder – dogmatische Systeme, Ideologien, Massenpsychosen usw. – sieht, sie in ihren Wirkungen erkennt und zunichtemachen kann.

Es ist ein innerer Kampf nötig, um solche Kräfte nicht mehr ins eigene System einzulassen. Ein Kampf zur Heilung des verwundeten mikrokosmischen Systems, zu seiner Heilung und Genesung. Und erst, wenn diese Phase der Heilung und Genesung im eigenen System erreicht ist, kann ein Mensch seinem Mitgeschöpf helfen, weil er selbst immun gegen die degenerative Gewalt der Höllenkräfte geworden ist.

Das »kostenlose Heilen der Kranken« bedeutet, daß der Rosenkreuzer für seine Hilfestellung nichts empfangen will, was zu dieser Welt gehört. Denn er weiß, daß sein Lohn in Form von Seelennahrung – das ist das ihm zuströmende göttliche Licht – verbürgt ist. Er wählt auch nicht eine Heilmethode mit Salben und Präparaten, sondern geht an die Wurzel des menschlichen Elends.

Geht er dann an der Türe des Notleidenden vorbei? Absolut nicht! Er wird alles in seinen Kräften Stehende tun, seinem auch leidenden Mitgeschöpf in jeder Hinsicht zu helfen. Doch das Genesungswerk im absoluten Sinne bleibt eine Angelegenheit der befreiten Seele, die ihre Führung bedingungslos aus dem göttlichen Geist empfängt und so in wirksamer Weise ihre Aufgabe im Gottesplan erfüllen kann.

Heilung, wie sie im Manifest der Rosenkreuzer gemeint ist, ist Heilung der fundamentalen Krankheit der Menschheit. Heilung von ihrem Fall und allem, was sich aus diesem Fall ergibt. Heilung im gnostischen Sinne ist also ein Prozeß, in dem die ursprüngliche Verbindung mit dem Gottesreich wiederhergestellt wird. Und das kann nur auf der Basis der Gnosis geschehen. Gnosis ist eine wirksame Kraft, das freigesetzte Licht Gottes. Das ist kein geschriebenes Wort, sondern ein gelebtes, ein durchlebtes ursprüngliches Wissen. Von wahrhafter Gnosis kann nur die Rede sein, wenn ein

Mensch dieser reinen ursprünglichen Gotteskraft im eigenen Wesen vollen Raum gegeben hat und ihr dadurch auch ein gutes Fundament verschafft. Dann wird Gnosiskraft freigesetzt und – umsonst, ohne Kostenvergütung – allen Geschöpfen, die leiden und in ihrem Elend zu versinken drohen, verfügbar gemacht.

Heilen in diesem Sinne bedeutet »heilmachen, wiederherstellen« dessen, was verloren gegangen ist und was sich infolge eigener Kraftlosigkeit nicht mehr ausdrücken kann. Die Bruderschaft des Goldenen Rosenkreuzes steigt darum mit ihren Dienern herab in das Elend unserer Welt, um zu heilen, um diese trübe Schöpfung mit ihren mißgestalteten Kreaturen aus ihrem Niedergang herauszubrechen.

Um so viele Seelen wie möglich vor dem Untergang zu retten, setzen sich die wahren Rosenkreuzer ein. Sie tun dies, um zu heilen, was Heilung verträgt. Und sie tun diese Arbeit umsonst. So wie Christus sich umsonst opfert für alle, die gefallen sind.

Das Gewand des Schülers auf dem Pfad
»Niemand von ihnen soll seitens der Bruderschaft genötigt sein, ein bestimmtes Gewand zu tragen, sondern wird sich den Umständen des Landes anpassen.«

Ein Bruder des Rosenkreuzes trägt freiwillig das Gewand des Landes, in dem er arbeitet. Selbst ist er von jedem Gewand befreit. Er kann in jedem Lande weilen, er ist ein Heimloser. »Ich weiß nichts, ich kann nichts, ich freue mich über nichts, ich lehre nichts und ich suche nichts, ich begehre nichts, weder vom Himmel, noch von der Erde: Nur das lebende Wort, das Fleisch wurde, Jesus Christus, den Gekreuzigten.« (Geheime Figuren, S.36)

Er ist ein Zweimal-Geborener, und dadurch ist er in buchstäblichem Sinne frei von Geburt und Tod. Eben deshalb kann er das Gewand jedes Landes, in dem er arbeitet, anziehen. Denn er identifiziert sich nicht mit einem bestimmten Gewand und hängt nicht daran. Man kann unter diesem »Gewand jedes Landes« alle Sitten, Gesetze und die Sprache eines Volkes verstehen. Dann hält sich der Bruder Rosenkreuzer, der in diesem Land arbeitet, an diese Sitten und Gesetze. Er weiß, sie sind die Bedingungen, unter denen die Menschen dieses Landes in der irdischen Welt leben. Und weil er diese Bedingungen einhält, besteht, auf der Ebene der vergänglichen Dinge, eine Brücke zwischen ihm und den Bewohnern des Landes. Über diese Brücke kann er ihnen äußerlich begegnen und wird von ihnen akzeptiert. Über diese Brücke kann er ihnen von der Welt der unvergänglichen Dinge berichten. Weil der Bruder Rosenkreuzer auch weiß, daß das Gewand jedes Landes relativ ist, wird er keine Konflikte aufrufen, wenn einmal eine Sitte einer anderen, ein Gesetz einem anderen widerspricht. Er kann die Sitte, Sprache und das Wesen seines Gegenübers akzeptieren. Sein eigenes Gewand muß er nicht verteidigen.

Das »Gewand jedes Landes« kann in diesem Sinne auch als die Eigenart und Eigentümlichkeit jeder Gruppe und jedes Menschen verstanden werden, mit denen der Bruder Rosenkreuzer zu tun hat. Jeder Mensch hat einen bestimmten Charakter, ein bestimmtes Schicksal, er hat bestimmte Lebenserfahrungen hinter sich. Auch der Bruder Rosenkreuzer hat einen bestimmten Charakter und ein bestimmtes Schicksal, auch er hat bestimmte Erfahrungen gemacht.

Aber er ist prinzipiell frei von diesem »Gewand« des irdischen Menschen. Er hängt nicht daran, er muß es nicht verteidigen, er wird nicht davon bestimmt. Er lebt das Todlose, nicht das Vergängliche. Deshalb ist er prinzipiell in der Lage, das »Gewand« jedes anderen Menschen zu begreifen und jeden so zu verstehen, wie er ist. Er kann jedem Menschen auf dessen Ebene begegnen. In diesem Sinne sagt Paulus: Den Juden bin ich wie ein Jude geworden..., den Schwachen bin ich ein Schwacher geworden... Ich bin allen alles geworden (1.Kor.9, 20 ff). Er kann jeweils an den Erfahrungen des anderen Menschen anknüpfen und wird ihm nicht seine eigenen Erfahrungen aufdrängen. Dadurch schafft er die Brücke zur Begegnung, und dadurch kann das Neue, das lebende Wort, das in ihm Gestalt angenommen hat, auch dem Neuen im anderen begegnen. So wird das irdische Gewand beider belanglos: Alles Vergängliche schweigt, und das Unvergängliche wird in den sich Begegnenden bewußt und vereinigt sie auf einer neuen Ebene.

Das ist keine Taktik. Taktik wäre es, wenn der Bruder Rosenkreuzer an seinem eigenen Gewand hinge und von ihm bestimmt würde. Dann würde er seine eigenen Vorstellungen und Empfindungen vorübergehend unterdrücken und sich auf den anderen »einstellen«. Aber gerade dadurch würde nichts Neues zwischen den beiden fließen können. Das Neue würde durch die Taktik behindert, und der andere würde die Unredlichkeit spüren.

Nein, eine Begegnung zwischen dem Unvergänglichen im einen und dem Unvergänglichen im andern kommt nur zustande, wenn der Bruder Rosenkreuzer tatsächlich im Prozeß der Selbstübergabe das Haften am eigenen Charakter und Schicksal aufgelöst hat, so daß das Vergängliche schweigt. Nur dann kann er den anderen wirklich erkennen, wie er ist, und annehmen, wie er ist. Mit einem Wort: Die göttliche Liebe ist in ihm frei geworden, die alles duldet, niemals Vergeltung übt und alles versteht. Diese Liebe, die nichts mit vorsätzlicher Güte zu tun hat, vermag es dann, durch das

Gewand des anderen hindurch das Unvergängliche im anderen zu erreichen.

Die Einheit in Gott
»Jedes Jahr, am Tag C., soll jeder Bruder im Haus Sancti Spiritus erscheinen, oder die Ursache seines Wegbleibens mitteilen.«

Dieser Punkt aus der sechsfachen Vereinbarung, dem »Arbeitsprogramm« für die Brüder des Rosenkreuzes, bringt uns zum Kern des Schülertums der Rosenkreuzer, nämlich zur täglich angewandten Lebenshaltung. Am Tage C., das ist der Dies Crucis – der Tag des Kreuzes, der Christustag, jeder Tag, den Gott gibt – erscheint der Bruder im Hause Sancti Spiritus. Dieses Zuhause ist nicht nur sein Ausgangspunkt, sondern er unterhält es auch mit lebenden Gedanken und mit Liebeskraft. Es ist ein lebender Körper geistiger Entwicklung, der auf das engste mit einem Abgesandten der universellen, gnostischen Kette von Bruderschaften verbunden ist. Das Auftreten des Schülers in der Welt ist ganz aus seiner Verbindung mit dem lebenden Körper zu erklären, diesem Zuhause Sancti Spiritus.

Sein Verhalten in der Gesellschaft, auch hinsichtlich der auftretenden religiösen und politischen Kräfte, wird nicht von der Frage bestimmt, welche Position er darin für sich wählen sollte, sondern von dem Gesichtspunkt, welcher Platz auf natürliche Weise von ihm eingenommen werden kann, und auf welche Weise ihm vergönnt wird, einen Beitrag zu der geistigen Entwicklung der Menschheit zu leisten.

Er erscheint täglich im Zuhause Sancti Spiritus. Er ist mit der Christushierarchie verbunden und auf sie gerichtet. Daraus empfängt er seine Kraft; und aus dieser Kraft schöpfend kann er als Bruder des Rosenkreuzes in der Welt stehen. Durch seine Verbundenheit – anfänglich zögernd, doch je nach dem Fortschritt seines Schülertums immer kräftiger – in diesem Bollwerk voller Energie, Licht und Kraft, erfährt der Schüler einen Bewußtwerdungsprozess, und der Einfluß des Hauses Sancti Spiritus wird täglich wirksamer und aktiver. In der *Fama Fraternitatis* steht: »Nach hundertzwanzig Jahren werde ich aufgehen.« Erst wenn der Schüler alle Ansichten des Lebens durchlebt hat und reif geworden ist, kann das Zuhause Sancti Spiritus in ihm offenbar werden. Der klassische Einweihungstempel, die Burg oder das Schloß, von dem in der *Chymischen Hochzeit des Christian Rosenkreuz* die Rede ist, ist ein uraltes Bild. Jedoch in der Gestalt des lebenden Körpers der Geistesschule des Goldenen Rosenkreuzes ist es eine sehr junge und sprühende Erscheinung in dieser Zeit.

An diesem lebenden Körper bewußt Anteil zu haben, in Freude und Übergabe, schließt ein, daß der Schüler so viel wie möglich in der Welt steht, ohne von dieser Welt zu sein. Die Welt, welchen Platz wir darin auch einnehmen mögen, ist der Ort, wo wir dasjenige, was die Schöpfung unsichtbar bewegt, für unsere Mitgeschöpfe sichtbar machen. Das »Bruder« sein von allen Mitmenschen, mit denen wir kraft unserer Naturgeburt verbunden sind, zeigt an, mit welchem Ziel wir, auf der Basis der sechsfachen Vereinbarung, dienen müssen. Der Schüler der Geistesschule ist kein Auserkorener in dem Sinn, daß er wegen seiner »erhabenen« Pflichten diese Welt verleugnen kann. Er stellt diese Welt auch nicht auf einen tiefen Sockel, um dann wegen der enormen und grellen Gegensätze von oben herab im Licht der gnostischen Sonne schön zu reden. Im Gegenteil, kraft seiner bewußten Verbundenheit mit der Kraftlinienstruktur des bruderschaftlichen Lebensfeldes steht er mitten in dieser Welt und mitten unter den Menschen. Durch ihn, als Mittler, wird das Licht offenbar. Das Licht wird erkennbar und kann von der Finsternis erkannt werden.

In praktischem Sinne muß der Schüler damit rechnen, daß er vielleicht in erster Instanz bei seinen Mitmenschen Widerstand hervorruft. Er wird durch das für diese Menschen vorläufig noch unbekannte Element der sich entfaltenden Rose im Herzen verursacht. Der Quell allen Lebens, das neue gnostische astrale Feld, aus dem der Schüler schöpft, womit er sich verbunden weiß durch die Wirksamkeit der Rose, bringt Unruhe und Unsicherheit an die Oberfläche des normalen bürgerlichen Lebens seiner Mit-Schicksalsgenossen. Auf gar keine Weise ist ihnen sein Benehmen erklärlich. Und man wird ihm daher wenn nicht mit grober Ablehnung, so doch mit der gebotenen Vorsicht entgegentreten.

Es ist deshalb sehr wichtig, daß der Schüler der Geistesschule sich über seine außerordentliche Stellung, gerade in der täglichen Praxis, Rechenschaft ablegt. Werden denn besondere Leistungen in dieser Eigenschaft von ihm verlangt? Muß er vor zu erwartenden Angriffen von außen auf der Hut sein? Muß er eine besondere Haltung einnehmen? Absolut nicht. Als Teilhaber am lebenden Körper, verbunden mit den Schätzen, welche in den klassischen Einweihungstempeln aller Jahrhunderte aufbewahrt sind, sucht er jeden Tag und jede Stunde zu begreifen, was von ihm verlangt wird. Am Anfang seines Schülertums hat er das Bild, die Idee des Menschen als Mikrokosmos – die ursprüngliche Offenbarung – angenommen. Er hat die Konsequenzen erkannt und von Herzen akzeptiert, um dieses Bild des Menschen zu verwirklichen, und kraft seines Schülertums ist er auf dem Weg dorthin. Die Aufrichtigkeit und Ehrlichkeit, mit der er diese eine Wahrheit in der Kraft Christi in sich selbst wahr zu machen versucht, kann und darf nicht unter den Scheffel gestellt werden. Er geht im vollen Glauben an seinen Erfolg auf den Weg. Er handelt intelligent. Weder sucht noch ruft er Gegensätze auf, welche sein eigenes Gehen nur erschweren würden. Er verbirgt auch seine Ausgangspunkte nicht vor seiner Umgebung, sondern stürzt sich in die Wirklichkeit der sechsfachen Bedingung, welche er nicht nachahmt, sondern durchlebt, weil er sie in sich selbst als brennende Wahrheit kennengelernt hat.

Die »Ursache seines Wegbleibens«
Viele Male wird der Schüler in Anbetracht des Läuterungsprozesses, durch welchen er als geschändete Entität hindurch muß, bei seiner Aufgabe scheitern. Viele Male wird die Umwelt ihn im stillen auslachen: Er, der Idealist, der Erstürmer einer fiktiven Wirklichkeit, scheitert hoffnungslos. Es kann dann sein, daß ihn im entfesselten Streit die Mutlosigkeit, die Unsicherheit oder der Zweifel bedrängen: alles Faktoren, die ihn von der Erfahrung des gnostischen astralen Feldes abschneiden. Er kann dann also »im Hause Sancti Spiritus nicht erscheinen«. Wie aber versichert er sich in solchen Fällen trotzdem der Hilfe der Bruderschaft des Lebens und des Hauses Sancti Spiritus? Indem er »die Ursache seines Fernbleibens mitteilt«. Das heißt, er macht sich selbst die Ursachen seines Zweifels und seiner Mutlosigkeit bewußt und stellt sie vor das »Innere Tribunal«, vor das Haus Sancti Spiritus im eigenen Wesen. Er übergibt all seine Zweifel der Bruderschaft des Lebens. Damit beruft er sich auf die magische Wirksamkeit der Bruderschaft des Lebens und ruft die Wirksamkeit des göttlichen Bemühens auf. Wenn er seine Zweifel und Mutlosigkeit wirklich losläßt, wird ihm geholfen werden. Er wird wieder in die Einheit mit Gott zurückgelangen.

Ungeachtet aller menschlichen Schwachheit des Augenblicks weiß er sich wieder mit der Gemeinschaft der unsterblichen Seelen verbunden. Und in dieser Gemeinschaft, in welcher keine Trennung herrscht, gilt das innerliche Gesetz, daß in der Gnosis alle gleich sind: alle für einen und einer für alle.

Jeder Schüler, der sich mit diesem Feld der unsterblichen Seelen verbunden weiß, wird durch diese Erfahrung der Einheit reicher. Er empfängt diesen Segen in Demut. Ungeachtet seines Selbstes vollzieht sich in ihm ein mächtiger Prozeß, der auch ihm durch den einmal begonnenen Prozeß von Glauben, Begreifen und Dienen die Kraft schenkt, der sechsfachen Bedingung, nach Wahrheit und innerlicher Überzeugung, zu entsprechen.

Die Nachfolger der Brüder des Rosenkreuzes
»Jeder Bruder soll nach einer würdigen Person Ausschau halten, die ihm zu gegebener Zeit nachfolgen kann.«
Es geht in dieser vierten Übereinkunft nicht in direktem Sinne um die Nachfolge einer bestimmten Person. Es geht um die Fortsetzung, um die Weiterführung eines geistigen Werkes; genauer das Fortwirken einer geistigen Kraft. Wer mit einigem Wissen die Manifeste des klassischen Rosenkreuzes studiert, wird entdecken, daß ein Schlüssel nötig ist, um Zugang zur Mysteriensprache dieser Schriften zu erhalten. Sie sind für den wahren Sucher, nach dem verborgenen, geistigen Schatz der Rosenkreuzer bestimmt.

Der spirituelle Ruf

Der Sucher, der auf die Fama reagiert und auf den Ruf antworten will, wird durch die geistige Kraft der Bruderschaft des Rosenkreuzes zum Vorhof des Hauses Sancti Spiritus geleitet. Was stellten die klassischen Rosenkreuzer damals den Menschen vor Augen? Sie stellten das Ziel und die Notwendigkeit einer totalen geistigen, inneren Revolution mitten in diese Welt; eine absolute Erneuerung des in geistigen Kristallisationen festgefahrenen und verstrickten Menschen. Es war ein Weckruf, ein Impuls, der zu allen Zeiten und Jahrhunderten immer wieder erklingt und verbreitet wird. Dieser geistige Weckruf ist weniger ein schriftliches Manifest, als primär eine Radiation und Vibration, gleich einem geistigen Posaunenstoß, der mit Kraft durch die Welt geht. Diese Schwingung sucht das Herz jener Menschen, in denen das Verlangen nach dem wahren Lebensziel und der ursprünglichen Herkunft des Menschen ruht. Der spirituelle Ruf macht vor allem auf die ursprüngliche Herkunft aufmerksam.

Zugleich wird auch das stoffliche Leben dieser Welt, die ganze Menschheit, wie sie leibt und lebt, als abgewichene Naturordnung, woraus das göttliche Ziel verschwunden ist und worin es nicht mehr existieren kann, an den Pranger gestellt. Wie hart dies auch klingen mag: Der Rosenkreuzer zeigt dem Sucher, daß er in einer Todesnatur lebt und in dieser Grube der Ersterbung festgehalten wird. Für den, der dies noch nicht entdeckt und als tiefes Wissen ergründet hat, ist diese Feststellung ein direkter Angriff auf die Basis des vermeintlich »menschlichen Bestehens«. Wer dies so erfährt, hat allerdings selbst noch nicht wirklich erkannt, daß ein großer Teil des Lebens unmenschlich genannt werden muß. Wenn man vielleicht ein bestimmtes Ideal vom Menschen, oder wie er leben sollte, hegt, dann muß man – gleich wie dieses Ideal auch aussehen mag – unmittelbar auch feststellen, daß die Wirklichkeit auf jeden Fall weit davon entfernt ist.

Ohne die geistige Kraft des ursprünglichen Lebensfeldes ist eine solche Arbeit des Bruders Rosenkreuzer nicht möglich. Damit sind alle verbunden, die zu allen Zeiten in befreiendem Sinn für die Menschheit gearbeitet haben. Um nun aber diese Arbeit fortsetzen zu können, schaut jeder Bruder und jede Schwester der Bruderschaft nach einer würdigen Person aus, die ihm nach einiger Zeit nachfolgen kann. Die Annahme, daß ein Nachfolger wieder nur ein Duplikat des Gründers oder Amtsvorgängers sein müßte, ist ein Mißverständnis. Man geht dabei davon aus, daß dieser Nachfolger dann ein würdiger Stellvertreter ist, wenn er voll und ganz dieselben Vermögen und Kenntnisse besitzt und die Arbeit in genau derselben Weise fortsetzt. Man hat dann den Platzhalter vor Augen; das ist jedoch eine begrenzte Lösung, die allerdings in dieser Welt üblich ist.

Die Flamme des Geistes

Wenn in der Arbeit der Bruderschaft des Rosenkreuzes von einem Nachfolger gesprochen wird, geht es um die Übernahme und das Weitertragen der Flamme des Geistes. Damit wird der geistige Ruf, der Vorhof, in der Welt lebendig und die Pforte zum geistigen Haus offengehalten. Im Falle eines der größten Abgesandten der Bruderschaft, der unter den Menschen erschienen ist, Jesus Christus, geht es vor allen Dingen um die Nachfolge auf seinem Pfade. »Folge mir nach«, sprach Jesus zu seinen Schülern. »Verlaß alles, was du besitzt und folge mir, und du wirst größere Dinge tun denn diese.« (Wir haben hier einige Aussprachen Jesu zusammengefaßt, die aber alle auf dasselbe hinweisen.) Es geht hier nicht darum, was der Bruder in seiner sterblichen Offenbarungsform war, ist und tut. Es geht um sein Vorbild, das er gibt; es geht um den Weg, den er verkündet und vorlebt. Ein Vorbild, das den bis ins Herz getroffenen Sucher direkt in die Nachfolge stößt. Und diese Nachfolge ruft geistige Kraftströme auf, die den Sucher auf seinem Pfad weiterführen werden.

»Jeder Bruder soll nach einer würdigen Person Ausschau halten«, steht in der Übereinkunft. Dies ist der Auftrag: Jene zu finden und zu rufen, welche die richtige Signatur besitzen, den geistigen Weg der Transfiguration gehen zu können, die also würdig sind, dem geistigen Weg zu begegnen. Es sind die Menschen, die in ihrem Herzen, in ihrem tiefsten Inneren die Offenbarung des Rosenkreuzes finden und erkennen können. Solche Sucher gibt es zu jeder Zeit. Manchmal fügen sich wenige zusammen; manchmal ist es eine große Gruppe. Aber immer leben Abgesandte des Hauses Sancti Spiritus unter der Menschheit. Sie leben unter vielen Namen und immer im Gewand des Landes und der Zeit. Nie wird der Mensch in dieser Hinsicht alleine gelassen. Diese Arbeit wird auch dann fortgeführt, wenn es einmal nicht möglich ist, an die Öffentlichkeit zu treten.

In unserer Zeit können wir ungehindert öffentlich auf die Arbeit der Bruderschaft hinweisen. Obwohl das Haus Sancti Spiritus für das profane Auge verborgen bleibt, sind seine Umrisse in der heutigen Zeit für den Sucher nach dem wahren geistigen Schatz wahrnehmbar. In unserer Zeit gibt es Menschen, die dem großen Vorbild nachfolgen und die Würde besitzen, im immerwährenden Licht dieses geistigen Schatzes zu stehen und daraus zu arbeiten. Die Voraussage der klassischen Rosenkreuzer, daß bald eine Zeit kommen würde, in der alles bekannt gemacht werden muß und eine große Einstrahlung von Kraft aus dem geistigen Zuhause stattfindet, ist in unseren Tagen eingetroffen und vollständig zur Realität geworden. Aber es bleibt eine Tatsache, daß die latenten Möglichkeiten im Menschen erwacht sein müssen, damit er die Zeichen der Zeit und den geistigen Ruf verstehen kann. Mehr denn je gilt für den suchenden Menschen und für die, welche bereits auf dem Wege sind: »Ist der Schüler bereit, ist der Meister nicht weit.«

Das Siegel der Überwindung des Lichtes
»Das Wort R.C. soll ihr Siegel, ihre Losung und ihr innerstes Wesen sein.«

Das Wort R.C. als Siegel
Ein Dokument, als Beweis eines Beschlusses oder einer Willensäußerung, wird aufgestellt, geschrieben, unterzeichnet und zum Schluß mit einem Siegel versehen. Das Anfügen dieses Siegels verleiht dem Dokument seine äußerliche Gesetzeskraft. Das Siegel ist die Bekräftigung.

Dieses Bild müssen wir beim Lesen der fünften Vereinbarung der Brüder, wie diese in der *Fama Fraternitatis* beschrieben wird, vor Augen haben. Ein ähnliches Bild vom Gebrauch des Siegels finden wir im siebten Kapitel der Offenbarung, worin die Rede von »den Dienstknechten Gottes« ist, »die an ihrer Stirn versiegelt werden sollen«. Die Tatsache, daß die Brüder sich des Bildes des Siegels bedienen, beweist, daß sie sich bewußt waren, Dienstknechte Gottes zu sein; Dienstknechte Gottes, die ein Steinchen zur Verwirklichung des Gottesplanes für Welt und Menschheit beitragen. Diesen Zustand völliger Dienstbarkeit hatten sie auf demselben Weg erworben, auf dem ein einfaches Stück Pergament, nachdem es beschrieben wurde, durch die Versiegelung den Status eines mit Kraft versehenen Dokumentes erhält. Sie hatten ihr Herz mit Eifer vorbereitet; sie hatten »den Brief in ihre Herzen geschrieben«, – auf »fleischerne Tafeln des Herzens«, worüber Paulus spricht. Sie waren im selbstaufopfernden Liebesdienst den Rosenkreuzweg gegangen. Und als die Flamme des neuen Bewußtseins im Raum hinter dem Stirnbein aufleuchtete, bedeutete dies ihre Versiegelung. Sie hatten die Rose an das Kreuz geheftet, das Wort Rosenkreuz, R.C., war ihnen zu einem Siegel geworden.

Begehen wir nun vor allen Dingen nicht den Irrtum zu meinen, daß diese Brüder sich über jede andere Entität erhaben wähnten. Der Pfad der Transfiguration kann nur in einem Ringen von unten her gegangen werden, so wie es zu allen Zeiten von den Schülern der Geistesschulen bewiesen wurde. Wer in völliger Selbstübergabe den Pfad geht, wird, wenn er oder sie so weit ist, Bruder oder Schwester genannt. Man denke nur an das neunzehnte Kapitel der Offenbarung, wo Johannes sich dem Boten zu Füßen wirft, um ihn anzubeten; woraufhin dieser zu Johannes sagt: »Tue das nicht, ich bin dein Mit-Dienstknecht und der deiner Brüder.«

Wenn jemand durch das Vollbringen des Endura die Überwindung zu erringen weiß, zeigt sich bei ihm das Zeichen des Menschensohnes; solch einer ist ein Bruder bzw. eine Schwester. Er bzw. sie verfügt über das Wort R.C. als Siegel.

Das Wort R.C. als Losung
Eine Losung ist ein Paßwort. Wer es kennt und ausspricht, dem kann der Zugang nicht verweigert werden. Wozu wollten die Brüder, über die die *Fama Fraternitatis* spricht, denn eigentlich Zugang haben? Zu dem Hause Sancti Spiritus! Zum neuen Reich, dem Lebensfeld der Seelen-Einheit. Nun gut, wessen das Herz voll ist, dessen geht der Mund über: Die Brüder konnten nichts anderes aussprechen als »das Wort R.C.«, welches in ihren Herzen lebte. Sie waren davon erfüllt, und all ihr Denken, Sprechen und Handeln stand in diesem Zeichen. Hier können wir auf Jesaja 62, 6 verweisen, wo über

die Wächter gesprochen wird, die auf den Mauern des neuen Jerusalem aufgestellt sind und »den ganzen Tag und die ganze Nacht nimmer stillschweigen sollen«. Dies deutet nicht auf eine ständige Wortflut, sondern auf ein auf die Gnosis gerichtetes Handlungsleben hin. Das »Sprechen« steht hier für einen vollständigen Ausdruck des gesamten Wesens. So ist das Wort R.C. für die Brüder gleichzeitig die Losung, woran sie sich erkennen. So wie jeder Bruder oder Schwester, der bzw. die sich als Mit-Dienstknecht meldet und dann mit großer Freude und Dankbarkeit willkommen geheißen wird.

Das Wort R.C. als innerstes Wesen
Wer sich dem Wahn der Sinne entzogen hat, wer sich durch konsequentes Gehen des Rosenkreuzpfades der Versiegelung würdig erwiesen hat, wer dem Gefährten in seinem Mikrokosmos die Leitung über das System übertragen hat, wer das Seelenreich betreten durfte, der kennt als Lebensessenz nur ein Ziel: die Vollendung des Gottesplanes. Das ist ein dermaßen davon Erfülltsein, daß nichts auf der Welt imstande wäre, das Interesse davon abzulenken. Dies ist ein Zustand des Seins, kann man sagen, in dem das Wort R.C. zum innersten Wesen geworden ist.

Die Stille des Geheimnisses – Das Geheimnis der Stille
»Die Bruderschaft wird hundert Jahre geheim bleiben.«
Es ist ein Geheimnis! Es ist ein gut bewahrtes Geheimnis, das alle Menschen, Völker und Kulturen in sich tragen. Es ist in den Herzen derer verborgen, die wissen; aber auch im Herzen einer jeden mikrokosmischen Offenbarung. Es ist im Herzen der Welt verborgen. Das Geheimnis spricht aus symbolischen Geschichten und Mysterienerzählungen, aus Märchen und Überlieferungen. Ein beschränktes Bewußtsein, wie das eines oberflächlichen Menschen, kann das nicht begreifen.

Wenn in den Erzählungen vom Gral gesprochen wird, von einem Schwert, einer Taube oder von dem Pentagramm, sind das Hinweise auf das Geheimnis. Dornröschen konnte hundert Jahre im Verborgenen schlafen, wie im Märchen erzählt wird. Warum? Wer begreift das? Die vorchristlichen Mysterien und auch das wahre Christentum bergen das Geheimnis. Zu allen Zeiten wurde es gesucht und gefunden; aber auch verleugnet, verkannt und abgelehnt. Es ist ein Geheimnis, das nicht verraten werden kann. Es ist ein Geheimnis der innerlichen Welt, und daher kann es nur innerlich erkannt werden.

Wir leben in einer äußerlichen Welt und gehen täglich darin unter. Ihre Bestandteile sind Leben und Tod, Tag und Nacht, Macht und Ohnmacht. Es gibt Sicheres und viel Unsicheres; aber auch dies kehrt sich in sein Gegenteil um. Für diese Welt ist die Zeitlichkeit kennzeichnend. Dennoch gibt es eine andere Wirklichkeit, die für uns verborgen ist. Wir vermuten sie möglicherweise, wir suchen danach und meinen manchmal, einen Hoffnungsschimmer davon wahrzunehmen. Es ist die innerliche Welt des immerwährenden Geheimnisses, nach dem wir suchen.

Andere Werte
In der Geistesschule des Goldenen Rosenkreuzes haben sich viele Sucher nach diesem Geheimnis zusammengefunden. Sie besinnen sich auf die andere Welt, weil sie auf die Spur dieses Geheimnisses aufmerksam gemacht wurden. Eine wichtige Entdeckung, die sie gemacht haben, ist die, daß die innerliche Welt nicht mit der äußerlichen Welt verbunden ist. Alles, was in der äußerlichen Welt einen Wert hat, erscheint in der innerlichen Welt vollkommen wertlos. Liegt dies an einer tiefen Kluft, die nicht zu überbrücken ist? Nein, man kann eher sagen, daß sich die zwei Welten kreuzen. Die innerliche

Welt hat einen gänzlich anderen Charakter. Die zwei Welten kreuzen einander wie ein vertikaler und ein horizontaler Kraftstrom. Es gibt also einen Berührungspunkt. Wir folgen täglich dem horizontalen Strom der Zeitlichkeit, der Beschränktheit in dem von Gott getrennten Bestehenskreislauf. Die innerliche Welt ist die des wahrhaft göttlichen Lebens. Aber wir erkennen den Berührungspunkt mit unserer äußerlichen Welt nicht. Er bleibt für uns ein Geheimnis. In jedem Leben liegt ein Kern des Göttlichen verborgen. Doch in der äußerlichen Welt wird es nicht gesehen, geleugnet und mit Füßen getreten. Der wahre Sucher nach der innerlichen Wirklichkeit der göttlichen Werte wird diesen Kern schließlich entdecken und sein Leben danach einrichten. Gerade dieser Kernpunkt bringt ihn mit dem vertikalen Lichtstrom der innerlichen Welt in Verbindung. Da liegt der Begegnungspunkt mit Gott im eigenen Wesen, mit dem Prinzip, das nicht von dieser Welt ist. Wenn die Zeit erfüllt ist, begegnet der Sucher dem Geheimnis. Dieses tiefe Mysterium ist auch im Christentum verborgen. Daher werden die Menschen dieses Jahrhunderts es finden können. Die Nachfolge Christi ist nichts anderes, als das Leben vollständig in den Dienst der innerlichen Welt zu stellen, mit dem Ziel, den göttlichen Kern im eigenen Wesen frei zu machen. Jeder Mensch besitzt dieses Prinzip, eine Seele, die – wenn sie einmal wie eine Raupe zum Schmetterling entwickelt ist – mit dem Geist der innerlichen Welt in Verbindung kommen kann. Christus ist dieses vertikale Licht, das diesen Weg für jeden Menschen geöffnet und frei gemacht hat, der in einem Mikrokosmos geoffenbart ist. Jeder Mann, jede Frau, kann auf diesem Weg zur innerlichen Priesterschaft gehen und die Selbsteinweihung in die Mysterien vollziehen.

Wie ist das zu sehen und welche Bedingungen sind zu beachten, um zu dieser Selbsteinweihung zu kommen? Die Universelle Lehre sagt, daß der Mensch ein Wesen zweier Welten ist. Der aus dem Stoff dieser Welt geborene und daraus hervorgekommene Mensch ist Träger eines Mikrokosmos; d.h. einer Offenbarung, die ursprünglich in einer anderen, göttlichen Welt zu Hause war. Ein göttlicher Kern dieses Mikrokosmos ist das Basisinstrument, womit die Befreiung aus der äußerlichen Welt erreicht werden kann. Es liegt also ein Kern der neuen Beseelung – eine neue Seele – im mikrokosmischen System. Eine luziferische Kraft hält dieses System jedoch in dem von Gott geschiedenen Bestehenskreislauf gefangen. Der gefallene Lichtträger Luzifer fand sich so einst in einer Welt des Guten und des Bösen wieder, und das Ewigkeitsprinzip wurde zum Sklaven dieses Gegensatzes.

Die Universelle Lehre erzählt aber auch, daß das göttliche Licht selbst, als Sohn des Vaters, in das Reich der Finsternis hinabgestiegen ist, um die ursprünglichen Lichtfunken, die Mikrokosmen zu suchen und zu sammeln. Dieser Lichtstrom enthält Kenntnis, die Gnosis, in der die Wissenschaft der Rückkehr als Geheimnis verborgen ist. Das Licht des Sohnes ist gleichzeitig das Licht, das den Weg zur Rückkehr offenlegt und sich selbst zum Trost und zur Genesung der vergessenen Seele herabsenkt.

Die gefallenen Mikrokosmen sind also nicht für ewig verdammt. Es wird auf ihre Rückkehr gewartet. Die äußerliche Welt ist dafür eine Schule, ein Ort der Erfahrung, in dem der Mensch den Weg zu seiner innerlichen Welt finden soll. Wenn Christus sich opfert, um dabei führend, tröstend, heilend und erfüllend aufzutreten, dürfen wir dies keineswegs als ein äußerliches Geschehnis betrachten. Man spricht dann von einem spirituellen Christusbekennen, bei dem der Mensch als Jünger – Johannes – einen innerlichen Weg geht. Christus war oder ist daher auch kein irdischer, körperlicher Mensch, sondern die Vergegenwärtigung eines ätherischen Lichtimpulses aus dem ursprünglichen Gottesreich, einem unausschöpflichen Bronn der Liebe.

Der fünffache Pfad
Dem Sucher, der etwas von dieser ursprünglichen Liebeskraft zu vermuten oder zu erahnen beginnt, steht ein fünffacher Pfad der Verwirklichung in Aussicht. Er wird aus dem Ahnen dieses Geheimnisses ein tiefes Verlangen spüren, tiefer darin einzudringen. Aber zuerst muß er Erkenntnis über seinen Zustand und den Weg, den er dann gehen muß, erlangen; Erkenntnis des Wesens und der Art der zwei Welten und der Stellung des Mikrokosmos darin. Er muß auch die Funktion des Seelenkerns und seine Einstellung als Persönlichkeit ihm gegenüber erkennen. Dann folgt daraus, zweitens, daß er seinem Verlangen folgen und auf dem Weg der Einsicht nach der Erfüllung dieses Verlangens suchen kann, nämlich die neue Seele zum Leben zu erwecken. Auf dieser Basis kann der Mensch zur notwendigen Erneuerung seines Lebens übergehen: zur Übergabe des äußerlichen an den inneren Menschen, der äußerlichen an die innerliche Welt. Dieser dritte Punkt ist von fundamentaler Wichtigkeit. In den Geistesschulen wird dies das »Endura« genannt. Durch Selbstübergabe des alten natürlichen Menschen erhält die neue Seele die Möglichkeit zu wachsen. Wegen der grundsätzlichen Bedeutung, die auch die Rosenkreuzer diesem Endura beimessen, wollen wir hierauf näher eingehen.

Das Endura ist der notwendige Untergang des äußerlichen Menschen; ein Ersterben der zeitlichen Offenbarung und das Wachsen und Erwachsenwerden des innerlichen Seelenmenschen. Selbstverleugnung ist das Schlüsselwort dazu. Es ist das Opfer des eigenen Selbstes, der Persönlichkeit. Zwischen der mikrokosmischen Seele und dem berührenden

Licht der göttlichen Liebe steht die Persönlichkeit. Das ist der Mensch, der sagt: »Ich bin« und der dementsprechend lebt und handelt. Er ist der Herrscher der äußerlichen Welt und blockiert damit die innerliche Welt. Der Ich-Mensch muß untergehen, muß sich dem inneren Prinzip übergeben. Mit allen Fasern muß das, was herrscht und beherrscht, sich zurückziehen, um für die Seelen-Äther des Lichtes Platz zu machen. Für den egoistischen Menschen der äußerlichen Welt ist das eine große Aufgabe, die nicht vollbracht werden kann, wenn er es nicht wirklich will und das innerliche Verlangen voranstellt. Es widerstrebt ja seiner Natur der Selbstbehauptung. Und doch müssen die Macht dieser Welt, das Gute und das Böse, vollständig losgelassen werden. Wie mit einem scharfschneidenden Schwert müssen alle Bande der äußerlichen Welt durchschnitten werden. Alle Bindungen, aber auch aller Lärm, die äußeren Umstände, Macht und Ansehen, Besitz, Ehrsucht und die Blutsbande werden absolut unbedeutend im Licht des Wachsens der neuen Seele. Sie werden losgelassen und aufgelöst. An ihre Stelle tritt eine große innere Stille.

Die Stille
Ein Geheimnis bleibt ein Geheimnis, sofern nicht darüber gesprochen wird. Das Geheimnis der inneren Welt wird auch nur in der Stille als ein solches erfahren werden können. Der Sucher, der sich ihm nähern will, wird eine gleichmäßige und unerschütterliche Stille um den Kern des Geheimnisses – oder die Seele des Anderen – im Mikrokosmos herbeiführen und bewahren müssen. Nur in der innerlichen Stille wächst die Seele. Für das Auge der äußerlichen Welt wird die Seele hundert Jahre lang »schlafen«, um dann durch den Geist wachgeküßt zu werden. In dieser Zeit ist daher von einem Müßiggang oder Untätigkeit oder Benebeltsein keine Rede. Im Gegenteil, das Wachsen der neuen Seele

ist ein Prozeß, der sich in der entstandenen Stille mit größerem Erfolg vollziehen kann.

Der Mensch lebt in der äußerlichen Welt in Geräuschen. In der westlichen Kultur herrscht niemals äußerliche Stille. Denn immer gibt es irgendwo Geräusche von Flugzeugen oder Autos, von Musik bis in die tiefe Nacht. In der weiten Natur jeden Landstriches, auch wohin noch keine »Kultur« durchgedrungen ist, ist das äußerliche Leben von Geräuschen erfüllt. So ist es auch im Mikrokosmos, der die Persönlichkeit umhüllt. Auch darin sind Geräusche, Aktivitäten, Vibrationen, welche die tiefste innerliche Stille bedecken oder durchkreuzen. Diese Töne und Klänge, die Vibrationen und Laute sind verschieden. Jeder Mensch hat seinen eigenen Ton, erzeugt seine eigenen Geräusche. Die astralen Impulse der äußeren Welt sind bei jedem Individuum verschieden. Aber sie haben dieselbe Auswirkung, nämlich daß sie die Stille der Seele durchbrechen und stören. Der wirkliche Sucher wird sich bemühen, einen Raum wahrhaftiger Stille um den Seelenkern zu schaffen. Dem Ich ist der Zugang zu diesem Raum verwehrt. Das enduristische Streben muß darauf gerichtet sein, den Raum der Stille für die Gotteskraft der inneren Welt vollständig zu respektieren. Im Untergang des alten Selbstes verstummen die Geräusche, die Vibrationen und Töne des sich selbstbehauptenden Menschen. Der Rosenkreuz-Schüler »zieht sich aus der dialektischen Hast zurück«, so wird dies manchmal genannt. Das bedeutet, daß er nicht mehr den Gesang der Welt von Gut und Böse singt, sondern im »Nicht-Tun« der Stille der inneren Welt lauscht.

Der Prozeß des inneren Wachstums in der Stille des Nicht-Seins muß zu einer Fülle kommen. Hundert ist die Zahl der Fülle. Nach hundert Jahren blüht die Seele auf, ist sie reich und reif; ist sie bereit für eine Wiederherstellung der ursprünglichen, mikrokosmischen Ordnung. Die für diesen Prozeß des Seelenwachstums schädlichen Vibrationen, welche die äußerliche Welt vergegenwärtigen, sind dann nicht mehr im Wesen tätig. Um Feindseligkeiten oder Unbegreifen auszuschließen, geschah dies alles im geheimen; so wie die innere Welt vor der äußerlichen geheim ist.

Der Mensch, der in dieses Stadium eintritt, lebt ganz nach dem Prinzip: Nicht ich, sondern der Andere ist grundsätzlich richtunggebend und bestimmend. Der Schwerpunkt des Lebens liegt nun auf den Aspekten des innerlichen Lebens, die äußere Lebenshaltung wird dem angepaßt. Der Rosenkreuz-Schüler besinnt sich darauf und wendet diese neue Lebenshaltung an. Das endgültige Ergebnis ist ein bewußtes Teilhaben an der inneren Welt, der Eintritt in das Königreich Gottes. Die ganze menschliche Offenbarung ist dann alchemisch verändert. Daraus kommt ein anderes Bewußtsein hervor, das die Teilnahme an der göttlichen Welt, an den unantastbaren Vibrationen der Ewigkeit, möglich macht. In diesem Lebensfeld, in dem ein anderer Ton erklingt und die ewige Stille als göttliches Singen erschallt, begegnet der neue Mensch seinem Mit-Seelenmenschen, seinen Brüdern und Schwestern, die denselben Weg gegangen sind und sich in demselben neuen Seinszustand befinden. In jeder Hinsicht gebrauchen sie denselben Vibrationsschlüssel: den der inneren Welt.

Das Werk der Bruderschaft
Für den wahrhaftigen Sucher nach der inneren Gottesordnung sind dies eindrucksvolle und wichtige Gegebenheiten. Sie stellen ihn vor eine universelle Möglichkeit der Erlösung. Im Kreislauf der Zeit hat es diese Möglichkeit immer gegeben. Dieses Geheimnis der Erlösung ist den Menschen immer ganz nahe gebracht worden. Periodisch wurden die

vertikalen Lichteinstrahlungen intensiver und näherten sich den suchenden Menschen stärker. Immer werden die befreiten Seelen – die infolgedessen schon bewußt an der Gottesordnung teilhaben – diese Lichtimpulse unterstützen und dem Menschen die Erlösungsmöglichkeit bekannt machen. Wie eine Kette durch die Zeit reihen sich die Aktivitäten derer aneinander, die mit den göttlichen Strömen zusammenarbeiten, um in der düsteren Sphäre der äußerlichen Welt für den Menschen, der es sucht, das Geheimnis der inneren Welt zu bewahren, und es dem bekannt zu machen, der sich dafür öffnet.

Dieses Werk ist ein bruderschaftliches Zusammenwirken von einander folgenden befreiten Mikrokosmen. Das Werk geht unausgesetzt weiter, solange es Seelen, Kinder Gottes, die in der äußeren Welt gefangen sind, gibt. So kann man sich eine Kette der Bruderschaft vorstellen, die in Christi Licht das Befreiungs- und Erlösungswerk aus der inneren Welt heraus unternimmt. Das äußere Bewußtsein sieht diese Arbeit nicht; und der Mensch, der ausschließlich außerhalb der Stille lebt, wird sie auch nicht wahrnehmen. Bis das Werk vollendet ist, geschieht es im geheimen. Die Universelle Bruderschaft stellt das christliche Einweihungsmysterium in der äußeren Welt nicht als Errungenschaft, deren man sich rühmt, zur Schau. Die Diener dieser Arbeit sind sich daher auch darüber einig, daß »im Geheimen« gearbeitet wird. Das heißt, daß man nicht nach vorne tritt, sich selbst nicht in den Mittelpunkt stellt und sich nicht an Wettbewerben und an Zuständigkeitsstreitigkeiten beteiligt.

Die Arbeit der Bruderschaft, die auch durch das moderne Rosenkreuz erkennbar ist, geschieht unpersönlich und basiert ganz auf dem Licht der anderen Welt und den Vibrationsklängen, die von dort herkommen. Die Mitarbeiter sind anonym, die Arbeit geht ununterbrochen weiter. Das ist in der äußeren Welt aber nur zum Teil wahrnehmbar. Allerdings wird der Mensch, der die spirituellen Werte der inneren Welt wahrhaftig sucht, in einem bestimmten Moment den vollständigen Inhalt und den Umfang dieses Werkes sehen, es mit Ehrfurcht schätzen, und womöglich selbst daran teilnehmen.

Der Lichtimpuls wird von der helfenden Bruderschaft des göttlichen Ordens ausgebreitet. Dies geschieht im geheimen, um nicht in den Wahn, die Fallstricke und den dialektischen Streit der äußeren Welt zu geraten; und weil es um das Geheimnis selbst geht! Um das innere Geheimnis der Teilhaberschaft an der Welt der ursprünglichen Gottesordnung. Hundert Jahre sind keine hundert Jahre in der äußeren Zeitrechnung, sondern eine kabbalistische Andeutung für die Fülle eines Rettungswerkes, das aus der Inspiration der Göttlichen Liebe von den Mitarbeitern der Bruderschaft verrichtet wird. In dem Buch »Der Ruf der Rosenkreuzerbruderschaft« schreibt J. van Rijckenborgh hierüber: »Die Zahl 100 ist kabbalistisch aus zwölf Treppen aufgebaut. Und diese zwölf Treppen öffnen uns unermeßliche Ausblicke. Sie erzählen uns von der Erhebung der Menschen aus dem stofflichen Elend, aus der Entartung ihres niederen Daseins; von den Menschen, die das Bindeglied wiederfinden zwischen dem Unermeßlichen und dem Meßbaren, zwischen dem Unsichtbaren und dem Sichtbaren, zwischen Wesen und Inhalt, zwischen Gott und Mensch.«[1] In dieser Synthese liegt das Geheimnis verborgen. Es bleibt verborgen, wenn der Mensch aus der Finsternis heraus unmittelbar in das Licht blickt und davon geblendet wird. Der Mensch, der den Lichtbronn in seinem Inneren sucht und findet und das ganze Wesen diesem Licht anvertraut, wird selbst im Licht stehen und dann auch das Geheimnis erkennen.

[1] Der Ruf der Rosenkreuzerbruderschaft, Seite 213.

8

Die Allgemeine Weltreformation

Jede Geistesschule strebt eine Erneuerung des Menschen und dadurch auch eine Erneuerung aller gesellschaftlichen und kulturellen Verhältnisse an. Die klassische Bruderschaft des Rosenkreuzes beschrieb dieses Ziel im zweiten der Rosenkreuzermanifeste im »Bekenntnis der Rosenkreuzer-Bruderschaft« unter dem Begriff einer »Allgemeinen Weltreformation«.

Was ist das Ziel einer Geistesschule? Die Frage ist gleichbedeutend mit der Frage: Was ist das Ziel jedes menschlichen Daseins, und was ist das Ziel der Menschheit insgesamt? Was also ist das Lebensziel jedes Menschen, was sollte sein Lebensziel sein?

Die Aufgabe des Menschen und der Menschheit
Seine Lebensaufgabe zu erfüllen, sein innerstes, ihm ins Herz geschriebenes Gesetz zu verwirklichen, seinem Ursprung aus der göttlichen Welt treu zu sein. Das schließt ein, daß der Mensch erkennt, daß sein gegenwärtiger Zustand total vom göttlichen Ursprung und Gesetz abgewichen ist. Daß er bemerkt, wie er sich immer weiter von diesem Ursprung fortbewegt, indem er entweder in leeren alltäglichen Gewohnheiten versinkt oder sich in unabsehbaren Verwirrungen und Konflikten verliert. Daß er jetzt, sofort, diesem Gleiten auf abschüssiger Bahn Einhalt gebieten muß, wenn er seiner eigentlichen Bestimmung genügen will. Er

muß also sein altes Wesen preisgeben, dann erst kann sein wahres Wesen zum Vorschein kommen.

Da der Mensch unauflöslich mit der Menschheit verbunden ist, und jeder einzelne die Menschheit im kleinen darstellt, wird die Einsicht in seine eigene Aufgabe und seinen eigenen Zustand auch die Einsicht in die Aufgabe der Menschheit und ihren gegenwärtigen Zustand einschließen. Er wird also an sich arbeiten, aber ebenso am Zustand der Menschheit.

Nichts anderes ist das Ziel der in einer Geistesschule zusammengeschlossenen Menschen: ohne Aufschub so zu werden, wie der Mensch von Gott beabsichtigt ist – und ohne Aufschub dazu beizutragen, daß die Menschheit sich so entwickelt, wie es von Gott beabsichtigt ist.

Das »Bekenntnis der Rosenkreuzer-Bruderschaft« faßt diese Ziele in den Begriff der Allgemeinen Weltreformation. Aller Schutt und Unrat der Jahrhunderte, im einzelnen und in der Menschheit, muß weggeräumt werden, damit der leuchtende Ursprung der Menschheit wieder zum Leben kommen und die Menschheit wieder auf ihr wahres Ziel hin leben kann.

Eine neue Wissenschaft
Nicht mehr und nicht weniger strebt der Bund der Rosenkreuzer an als eine völlige Umgestaltung des Gebäudes der Wissenschaft und der Religion und eine Umwälzung aller sozialen und politischen Verhältnisse. Allerdings nicht durch äußere Maßnahmen, durch Einflußnahmen, Taktiken oder gar Revolutionen, sondern dadurch, daß im Innern möglichst vieler Menschen das Prinzip Christian Rosenkreuz zu wirken beginnt: die Umkehr, die Abkehr von allen Fehlern und Irrtümern ist die Voraussetzung dafür. Das »Bekenntnis

der Rosenkreuzer-Bruderschaft« gibt die Grundsätze bekannt, nach denen diese Allgemeine Weltreformation erfolgen soll: »Darum ist es notwendig, daß jetzt aller Irrtum, alle Finsternis und Gebundenheit weichen, die sich allmählich, beim Fortschreiten der Umdrehung des Großen Globus, in die Wissenschaften, in die Werke und in die Regierungen der Menschen eingeschlichen haben, wodurch diese zum größten Teil verdunkelt sind. Es besteht für uns keine andere Philosophie als die, welche die Krone aller Fakultäten, Wissenschaften und Künste ist. Sie umschließt, was unser Zeitalter betrifft, vor allem Theologie und Medizin und am meisten Rechtswissenschaft.«

Was bedeutet das: Eine neue Wissenschaft muß entstehen? Es geht nicht mehr an, die Natur nur aus den physikalisch-chemischen Gesetzen zu erklären. Man muß sie als Gesamtheit von feinstofflichen, d.h. geistigen und psychischen, sowie stofflichen Beziehungen sehen. Sie ist ursprünglich eine von Gott mit bestimmten Entwicklungszielen ins Leben gerufene Ordnung. Wer diese Ordnung stört, indem er ihre Eingebundenheit in die ursprüngliche göttliche Welt mißachtet, zerstört sie auf die Dauer.

Das gleiche gilt für die Ordnung der Gesellschaft, für die Politik z.B., die heute in der Hauptsache auf die Interessen von einzelnen und Gruppen abgestimmt ist, statt auf die Ermöglichung der eigentlichen Ziele der Menschheit. Das gilt ebenfalls für die Wissenschaft der Theologie, die zum größten Teil die Menschen in starren Dogmen und leblosen Riten festhält und sie an Autoritäten bindet, die statt Liebe Macht ausüben. Das gilt weiter für die Heilkunst, die wieder lernen muß, den Menschen als eine Einheit aus Geist, Seele und Körper zu sehen.

Eine neue Religion
Die neue Erkenntnis wird Hand in Hand gehen mit einem neuen Empfinden gegenüber Gott, Natur, Mitmensch und Gesellschaft. Eine neue Religion wird sich entwickeln, im Einklang mit der ursprünglichen Liebe Gottes und in Freiheit. Im Licht der ursprünglichen Wahrheit wird sich erweisen, worin die aktuellen Religionen versagen und inwieweit sie sogar Hindernisse für die Wiederverbindung des Menschen mit der Wahrheit darstellen. Es wird sich ergeben, inwieweit die zahlreichen politischen, sozialen und wirtschaftlichen Ordnungsentwürfe unserer Zeit, die Ideologien und Programme, Menschenwerk sind, das nicht mit den Forderungen der ursprünglichen Lebensgesetze übereinstimmt und daher zum Scheitern verurteilt ist.

Eine neue Gesellschaft
Aus der neuen Wissenschaft und der neuen Religion wird dann, durch die Taten erleuchteter und frei gewordener Menschen, die ursprüngliche Ordnung der Dinge in allen menschlichen Belangen wiedererrichtet werden. Die Menschheit wird ihr Ziel, das ihr von Anfang an gesetzt ist, wieder erkennen und darauf zustreben können.

Es ist nicht zu leugnen, daß dieses Ziel einer allgemeinen, alle Aspekte des menschlichen Daseins umfassenden Weltreformation, eine ungeheure Idee ist, ja eine kindliche Illusion zu sein scheint angesichts der Unordnung der Welt an allen Ecken und Enden. Eine derartige Reformation übersteigt doch Menschenwissen und Menschenkraft bei weitem. Und doch ist das Ziel, welches der Menschheitsentwicklung zugrundeliegt, keine Spekulation, sondern eine geistige Wirklichkeit, eine Gesetzmäßigkeit, die unerschütterlich ist und sich irgendwann, sei es auch in sehr langen Zeiträumen, verwirklichen muß. Alle Unordnung wird eines Tages an sich selbst scheitern, sie wird kraftlos werden, weil sie nicht von der ursprünglichen, ewigen Ordnung gespeist wird.

Was gibt es Sinnvolleres für einen Menschen, als mit dem Plan mitzuarbeiten, der der Entwicklung des menschlichen Lebens zugrundeliegt, zur Entfaltung aller im Menschen angelegten Fähigkeiten zu Freiheit, Wahrheit und Güte? Muß nicht derjenige töricht genannt werden, der sein Leben auf Überzeugungen aufbaut und mit Tätigkeiten verbringt, von denen er insgeheim doch spürt, daß sie nicht tragfähig sind? Müßte er nicht alles daransetzen, die eigentliche Ordnung der Welt zu erkennen, um sie dann zu verwirklichen und damit unvergängliche Werte zu schaffen?

9

Der Weg der Bruderschaft des Rosenkreuzes

Die Verwirklichung der neuen Menschwerdung ist gleichbedeutend mit einem spirituellen Weg. Er hat immer zwei Seiten: einerseits die Entfaltung des neuen Menschen aus dem latenten Geistkeim im Herzen, andererseits den Abbau des alten, ichbezogenen Wesens mit Hilfe der bewußt werdenden Geistkräfte. Im dritten Manifest der Bruderschaft des Rosenkreuzes, der »Alchimischen Hochzeit des Christian Rosenkreuz« wird dieser Weg in allegorischer Form beschrieben.

Die alchimische Hochzeit des Christian Rosenkreuz ist die Verschmelzung der Braut mit dem Bräutigam, des neuen Seelenzustandes mit dem vollkommenen Geist. Es ist also das Endziel des Mysterienschülers, der, nach dem Abschied von dem »Blei« der ichbezogenen Natur, seine Seele so läutert und durch mancherlei Prüfungen in einen solchen Zustand bringt, daß das »Gold« des Geistes mit ihr verschmelzen kann. Johann Valentin Andreä stellt in der »Alchimischen Hochzeit des Christian Rosenkreuz« den Weg des Mysterienschülers in allen Einzelheiten dar, wie er sich in sieben Tagen, sieben Phasen, seinem Ziel, der Vereinigung mit dem Geist, nähert. Dabei werden Kräfte und Zustände der Seele personifiziert. Wem es aber gelingt, hinter den Schleier der Allegorien zu blicken, dem erschließt sich ein Bild von allen Schritten des Mysterienschülers auf dem Weg.

Berührung durch das Licht
Der erste Tag beschreibt die Phase der Berührung des Schülers durch das Licht des Geistes. So mancher kennt folgenden Zustand aus dem eigenen Leben: Alles bisher Gültige erscheint plötzlich fragwürdig, das Leben in seiner gegenwärtigen Form verfehlt. Auch alle anderen vorstellbaren Formen erscheinen sinnlos, da schließlich doch alles mit dem Tod endet. Es entsteht ein Gefühl der Gefangenschaft und Unfreiheit, und der Drang meldet sich, frei zu werden, die Unendlichkeit zu erleben. Beunruhigung, Ungeduld und Sehnsucht setzen nun eine Suche in Gang, die die seltsamsten Züge annehmen kann und zu den merkwürdigsten Experimenten veranlaßt. Der Mensch fragt sich: Wo finde ich den geeigneten, den besonders für mich geeigneten, sicheren Weg, der zur Unendlichkeit führt? Er ist verwirrt durch das vielfältige Angebot auf esoterischem und religiösem Gebiet, er möchte nichts falsch machen, er möchte es besser machen als andere, die gescheitert sind. Dies alles sind Wirkungen einer Berührung durch das Licht des Geistes, auf die der Mensch, noch unbeholfen, reagiert.

Der Traum des Christian Rosenkreuz
In der »Alchimischen Hochzeit« wird diese Berührung durch das Licht so dargestellt, daß Christian Rosenkreuz eines Abends (dem Abend vor Ostern, dem Auferstehungstag) einen Brief erhält, in dem er zur alchimischen Hochzeit gerufen wird. Der Brief, die Berührung durch die Kräfte aus der Welt der Vollkommenheit, erschüttert Christian Rosenkreuz bis ins Innerste. In der folgenden Nacht hat er einen Traum, in dem die ungeschickten Bemühungen der Menschen, das Licht zu erreichen, Gestalt annehmen. Christian Rosenkreuz befindet sich mit vielen anderen Menschen auf dem Grund eines dunklen Schachtes, eines Turmes oder Brunnens. Es herrscht völlige Finsternis. Da wird oben plötzlich der

Deckel des Schachtes gehoben und ein wenig Licht dringt in die Finsternis. Die Rettung aus dem Unglück steht in Aussicht. In größter Aufregung beginnen die gefangenen Menschen, sich gegenseitig zu stoßen und nach unten zu drücken, um auf dem Rücken der anderen nur ja selbst weiter nach oben, dem Licht entgegen, gelangen zu können.

Die Retter oben am Rand des Schachtes lassen nun Seile herunter, an denen die Unglücklichen heraufgezogen werden sollen. Aber deren Streit ist so fürchterlich, daß sie sich gegenseitig an der Rettung hindern. Kaum hat einer das Seil ergriffen, zieht ihn der nächste, der gerne seine Stelle einnähme, wieder zurück, oder es klammern sich so viele an ihn, daß er durch ihr Gewicht heruntergerissen wird. Schließlich gelingt es Christian Rosenkreuz doch, sich nach oben ziehen zu lassen, und als er oben ist, hilft er sogleich mit, andere heraufzuziehen.

In diesem Traum ist unschwer die Schilderung der suchenden Menschen auch der Gegenwart zu erkennen, die, in ihrem dunklen Lebensschacht vom Licht getroffen, mit allen Mitteln die Befreiung, den Lebenssinn, die ursprüngliche Ordnung finden wollen, gegen alle Konkurrenten und Behinderungen, mit dem Einsatz aller Energie und ihrem ganzen Durchsetzungsvermögen.

Mit solchen vom Licht berührten Menschen beginnt eine Geistesschule ihre Arbeit. Die Berührung durch den Geist und die damit einhergehenden existentiellen Beunruhigungen sind Voraussetzungen für den Weg. Denn bloße Neugier und unverbindliche Information führt zu keinen Resultaten. Wesentlich ist außerdem: Auf die Berührung durch das Licht des Geistes selbst hat Christian Rosenkreuz, der Prototyp des Schülers, keinen Einfluß. Sie erfolgt, oder sie erfolgt nicht. Man kann sie nicht erzeugen. Der Geist weht, wo er will. Man kann allerdings lernen, sobald sie erfolgt ist und sich als Beunruhigung und Sehnsucht bemerkbar macht, richtig darauf zu reagieren. Und das lernt ein Schüler als ersten Schritt auf dem Weg: daß es keinen Sinn hat, wie die Menschen im Traum des Christian Rosenkreuz mit Gewalt vorwärtskommen zu wollen. Im Gegenteil: Jede Anstrengung und Forcierung in dieser Hinsicht hindert die Lichtkräfte gerade an ihrer Wirksamkeit. Es gilt, still zu werden, und sich ihnen zu öffnen.

Antwort auf das Licht
Genau darin besteht die zweite Phase des befreienden Prozesses. Der Schüler muß die richtige Art und Weise finden, auf das Licht zu reagieren. Er ist mit den Lichtkräften einer Geistesschule in Berührung gekommen. Er sieht jetzt verschiedene Möglichkeiten der Reaktion vor sich und probiert sie aus.

In der Regel ist es so, daß der westliche Mensch immer aktiv sein will. Er fängt zu meditieren an, macht Konzentrationsübungen, benutzt vielleicht sogar Stimulanzien. Aber eines Tages wird er bemerken, daß all diese angestrengten, absichtlichen Maßnahmen ihn letzten Endes unerfüllt lassen, mögen sie auch vorübergehend zu ungewöhnlichen Erlebnissen führen. Denn jede Forcierung schneidet den Menschen vom Licht, das nicht forciert sein will, wieder ab.

Was den Schüler hier weiterbringt, ist, daß er sich immer wieder auf sein tiefstes Verlangen aus dem innersten Herzen besinnt. Das Bedürfnis nach Wahrheit, das Verlangen nach dem Heil ist der Kompaß, der den Schüler den Lichtkräften näherbringt und sie ohne sein Zutun anzieht.

Christian Rosenkreuz vor den vier Wegen
In der »Alchimischen Hochzeit« wird diese Situation eines Schülers in der zweiten Phase des Weges wieder in einer Bild dargestellt. Christian Rosenkreuz sieht vier Wege vor sich. Er weiß, daß nur einer davon der für ihn geeignete ist. Alle anderen bergen große Gefahren. Aber welcher ist der richtige? Unschlüssig steht Christian Rosenkreuz da und beginnt das mitgebrachte Brot zu verzehren. Das sieht eine Taube und fliegt hinzu, um an der Mahlzeit teilzunehmen. Da stürzt der Feind der Taube, ein schwarzer Rabe, auf sie herab, um ihr das Brot zu rauben. Die Taube flieht, der Rabe verfolgt sie. Christian Rosenkreuz eilt ihnen nach, vertreibt den Raben und rettet die Taube. In diesem Augenblick erkennt er, daß er sich, ohne es zu bemerken, ein Stück weit auf einen der Wege begeben hat und nicht mehr zurückkann. Denn sobald er sich umwendet, bläst ihm ein wütender Wind entgegen. Geht er aber voran, so spürt er kein Lüftchen.

Was bedeuten diese Ereignisse? Christian Rosenkreuz gibt der Taube – das ist der sich entwickelnde neue Seelenzustand, das Bedürfnis nach Wahrheit – zu essen. Er richtet all sein Verlangen auf diesen neuen Seelenzustand und nährt ihn, indem er sein Leben so einrichtet, daß sich die neue Seele entwickeln kann. Aber im gleichen Augenblick melden sich die Kräfte des alten Lebens in ihm, die das Neue zerstören und selbst die ganze Aufmerksamkeit und Energie des Schülers auf sich ziehen wollen. Diese Kräfte, den schwarzen Raben, vertreibt der Schüler.

In dieser zweiten Phase des Weges hat also der Schüler einen untrüglichen Kompaß, auch wenn ihm noch nicht bewußt ist, wo eigentlich das Ziel liegt. Solange nämlich der Schüler seine Aufmerksamkeit auf das Licht der Wahrheit gerichtet hält, das er erahnt, wird es ihm gelingen, allen Konflikten und Verlockungen des gewöhnlichen Lebens gelassen und mit Verständnis gegenüberzustehen. Läßt er sich aber wieder hineinziehen in die Konflikte und Irrtümer des Lebens, so werden sie ihm mehr zu schaffen machen als zuvor – es wird ihm ein scharfer Wind entgegengeblasen.

Prüfung durch das Licht
Am Ende des zweiten Tages betritt Christian Rosenkreuz das Schloß, in dem die alchimische Hochzeit stattfinden soll, das heißt, er wird fest mit der Sphäre des neuen Lebens verbunden.

Jetzt aber, am dritten Tag, muß sich erweisen, ob er dieser Sphäre auch wirklich würdig geworden ist, ob er in standhaftem Verlangen einen Seinszustand in sich hat wachsen lassen, der dem neuen Lebensfeld entspricht, und die Konflikte, Wahnbilder und Hoffnungen des alten Lebensfeldes endgültig abgewiesen hat. Christian Rosenkreuz wird im Tempel des Gerichts mit vielen anderen, die gleich ihm zum neuen Lebensfeld durchgedrungen sind, geprüft.

Man kann die Gebundenheit des Menschen an die vergängliche Natur als siebenfach ansehen. Mit seinem Verstand schafft er sich Vorstellungen von der Zukunft und macht sie sich zum Gesetz. Mit seinem Herzen hält er an dem fest, was ihm gut erscheint, und lehnt ab, was ihm als böse gilt. Mit seinem Willen versucht er seine Idealvorstellungen zu verwirklichen und der Welt aufzudrängen. Diesen drei Vermögen: Idealität, Moralität und Willen zur Realisierung, die alle der Selbstbehauptung entspringen, stehen vier Instrumente der Ausführung zur Verfügung: Mit seinem Denken ergründet der Mensch die Verhältnisse und bildet Pläne und Methoden aus. Empfindend belebt er diese Pläne durch Befürchtungen und Hoffnungen. Mit seiner Vitalität ist er dem Rhythmus von Auf und Ab, von Aufschwung und Ermüdung, unterworfen. Und mit seinem Körper als Wahrnehmungs- und Handlungsorgan verbindet er sich direkt mit der Welt der sinnlichen Erscheinungen.

Diesen sieben Aspekten der menschlichen Gebundenheit an die vergängliche Welt stehen sieben Aspekte des neuen Seelenzustandes gegenüber, der frei ist von diesen Bindungen. Ein Schüler in der dritten Phase des Befreiungsweges steht im Einklang mit den Gesetzen der ursprünglichen Welt, ist mit den Kräften der ursprünglichen Welt verbunden und läßt sie durch einen neuen Willen wirksam werden. Er hat seine Persönlichkeit so verändert, daß seine Gedanken, Gefühle, Vitalität und sein Handlungsleben ganz im Dienst der neuen Gesetze und Kräfte gebraucht werden können.

Christian Rosenkreuz auf der Waage
Christian Rosenkreuz wird im Tempel des Gerichts auf eine Waage gestellt. Es soll sich zeigen, ob er nacheinander sieben Gewichten standhält. Gemeint ist mit diesem Bild, daß sich in dieser Phase des Weges herausstellen muß, ob der Schüler wenigstens bis zu einem gewissen Grad alle sieben Bindungen an den alten Lebensraum abgebrochen hat und in der Lage ist, die sieben neuen Aufgaben im neuen Lebensfeld auf sich zu nehmen.

Die alchimische Hochzeit
Die weiteren Phasen des Weges zur alchimischen Hochzeit seien nur kurz angedeutet. Am vierten Tag geht es um die letzte Befreiung von allen Aspekten der Selbstbehauptung im menschlichen Wesen, wodurch eine neue Lebensführung aus den Kräften des Geistes möglich wird. Am fünften Tag erkennt der Schüler bewußt die ursprüngliche Ordnung, die Gesetzmäßigkeit einer unvergänglichen Welt: die Liebe. Chri-

stian Rosenkreuz, der Prototyp des Schülers, tritt in den Turm des Olymp ein und zwar in das erste Stockwerk. Am sechsten Tag betritt er das zweite Stockwerk des Turms, wo er die letzten Vorbereitungen zur alchimischen Hochzeit trifft. Und am siebten Tag wird diese Hochzeit vollzogen. Der Geist verbindet sich endgültig mit der neuen Seele, dem neuen Bewußtsein des Schülers, der jetzt ein Meister geworden ist. Der alchimische Prozeß: die Auflösung des alten Bewußtseins und der Aufbau eines neuen Bewußtseins, ist vollendet.

II

Die moderne Bruderschaft des Rosenkreuzes

Einleitung

Wie die Gemeinschaft der klassischen Rosenkreuzer des 17. Jahrhunderts ist das Lectorium Rosicrucianum, eine Geistesschule der Gegenwart, eine Ausprägung des großen Bemühens der Bruderschaft des Lebens um die Regeneration der Menschheit. Diese Ausprägung steht im Zeichen des Christian Rosenkreuz. Die Arbeit der Geistesschule des Rosenkreuzes geschieht auf der Basis der Christuskräfte für das besondere Bewußtsein des individualisierten selbstverantwortlichen Menschen der Gegenwart. Träger dieses Impulses waren Jan Leene (geistiger Name Jan van Rijckenborgh), sein Bruder Z.W. Leene und seine Mitarbeiterin H. Stok-Huyser (geistiger Name Catharose de Petri). Sie gingen als Stifter und Leiter der Geistesschule des Rosenkreuzes selbst den rosenkreuzerischen Weg. Aus den dabei gemachten Erfahrungen entwickelten sie die Lehre des Rosenkreuzes als universelle Philosophie für den modernen Menschen. Die durch ihre Erfahrungen auf dem Weg freigemachte Kraft ermöglichte anderen Menschen, die sich um sie scharten, auf der Basis ihres Geistfunkens den Weg ebenfalls zu gehen. So entstand ein Kraftfeld von oben und, aus der Antwort vieler strebender Schüler, ein Kraftfeld von unten, insgesamt eine Gemeinschaft von Schülern, in der wie in einem morphogenetischen Feld alle Kräfte der vorhergehenden Bruderschaften wirken, alle Kräfte und Eigenschaften des neuen, befreiten Menschen vorhanden sind, und alle Kräfte zur Verfügung stehen, die auf den verschiedenen Etappen des spirituellen Weges für den Schüler erforderlich sind, um weiterzugehen.

10

Das dreifache Mysterium des Kraftfeldes

Das Kraftfeld der Geistesschule des Rosenkreuzes ist nicht aus der irdischen Natur zu erklären. Es enthält die Grundlage und die Prinzipien, nach denen die Geistesschule des Rosenkreuzes arbeitet. Es besitzt eine Struktur, die sich durch Zahlen und geometrische Gebilde darstellen läßt. Der Punkt, die Eins, ist das göttliche Feld, die Ewigkeit, aus der diese Gemeinschaft hervorwächst. Das Dreieck, die Drei, sind die drei Aspekte der göttlichen Wirksamkeit, mit deren Hilfe der Weg gegangen werden kann. Das Viereck, die Vier, ist die vierfache Persönlichkeit des Menschen sowie die vier heiligen Äther, durch die die Transfiguration des Menschen, der Aufbau einer neuen Persönlichkeit, möglich wird.

Das siebenfache Kraftfeld der Geistesschule ist mit den sieben fundamentalen Strahlen des göttlichen Ursprungs verbunden. Es ist ein siebenfaches Lichtfeld, ein Sonnenfeld. Die klassischen Chroniken der Universellen Bruderschaftskette beschreiben die ursprüngliche Himmel-Erde als ein umfassendes und alles durchdringendes Strahlungsfeld. In der hermetischen Weisheitslehre heißt es: »Gott ist eine unendliche Sphäre, deren Mittelpunkt allgegenwärtig und deren Umfang unbegrenzt ist.« Dieses Lebensfeld trägt einen christozentrischen, göttlichen Kern, aus dem sich die sieben Strahlen des unvergänglichen Lebens offenbaren.

Das alte Ägypten

Der Ausdruck: »Aus Ägypten habe ich meinen Sohn gerufen« ist ein an den Sucher gerichteter Ruf, sich auf den Weg zum Licht- und Kraftfeld zu begeben, in dem die klassische Einweihung möglich wird. Jeder Mensch ist ein Sohn oder eine Tochter, der/die aus Ägypten gerufen wird, um sich aus der tiefsten Dunkelheit dieses Bestehensfeldes dem Mysterienweg zuzuwenden, zurückzukehren zum Sonnenfeld. Im alten Ägypten wies Pharao Echnaton dem Sonnenprinzip einen zentralen Platz zu, weil er darin das wahre Leben erkannte. Er beschrieb dies in einem herrlichen Lobgesang.

Zu allen Zeiten haben die Abgesandten des Lichtes das göttliche Feuer mit einer Sonnenkraft verglichen. Symbolisch wurde es als Kreis mit einem Mittelpunkt dargestellt. Ein Feld von Feuer mit einem Kernbeginn in der Mitte. Dieses Feld existiert nicht nur in und für sich selbst, sondern bringt auch etwas hervor: aus dem Punkt entsteht eine Linie, aus der Linie entstehen mathematische Figuren: Kreis, Viereck, Dreieck, sowie die anderen geometrischen Körper. Aus dem Kern entsteht ebenfalls die erste Zahl und die daran anknüpfende Reihe von Zahlen, die sich nach der Folge von 1 bis 9 wieder auflöst in der 0, um danach in eine neue Phase der Vervielfältigung einzutreten.

Der Kreis ist ein geschlossener Raum, worin ein Prozeß zur Entwicklung kommt. Hierbei unterscheidet man Aspekte wie Veränderung, Teilung, Aufspaltung. Die klassischen Weisen symbolisierten daher den Lebensprozeß innerhalb des Kreises in der Form eines Kubus. Dieser Inhalt kann in einem Feld von Entstehen und Offenbaren zum Leben erweckt werden. Aus einem Kraftfeld mit einem feurigen Ausgangspunkt wird eine Offenbarung hervorgebracht, die wir als »Leben« bezeichnen.

Aber die Form des Lebens ist unvollständig, wenn nicht außer der Offenbarung auch die Möglichkeit besteht, zur Erfüllung zu gelangen, eine Regeneration zu bewirken. Darum stellten die klassischen Rosenkreuzer nach dem Kubus das Dreieck oder die Pyramide in den Kreis.

Indem die Geistesschule des Goldenen Rosenkreuzes das Symbol Kreis, Viereck, Dreieck gebraucht, stellt sie ihre Schüler vor die drei wichtigsten Aspekte der Entwicklung innerhalb der Mysterien. An erster Stelle steht das alles umfassende Kraftfeld mit dem göttlichen Feuerkern, aus dem sich ein Offenbarungsplan entwickelt. Hierauf ist das Viereck des Baus gestellt, das wir als die Geistesschule kennen; durch die Arbeit und die Gnade beginnt das Dreieck, feurig zu strahlen; der Schüler des Rosenkreuzes kann sich dem Neuen Lebensfeld nähern. Dieses vollständige Kraftfeld offenbart sich in unserer Zeit als eine neue magnetische Sphäre. In unsere Dunkelheit senkt sich ein siebenfaches kosmisches Feld ein, das die Sphären des zwölffachen Tierkreises durchkreuzt und an dessen Stelle sich die neue Himmel-Erde öffnet. Dieses Geschehen ereignet sich in Abständen von 700 Jahren mit großer Kraft. Dann offenbart sich das heilige Wurzelfeuer in dem unheiligen Feld des Lebens: das feurige Trigonum Igneum der Brüder des Rosenkreuzes strahlt im Weltenfeld.

Die Geistesschule des Rosenkreuzes stellt den Menschen vor den Prozeß der neuen Geburt. Sie ist eine Hilfe für den Sucher, der danach verlangt, die Gesetzmäßigkeit von Geburt und Tod, von Raum und Zeit, zu erfassen, um in einen Prozeß der fundamentalen Veränderung einzutreten. Auf diesem Weg unterscheidet die Geistesschule fünf Phasen. Zunächst muß die diesen Prozeß betreffende Einsicht geboren werden. Im Sucher muß außerdem ein inneres

Heilbegehren wachsen. Auf der Basis dieser beiden Voraussetzungen ist die Preisgabe aller alten Lebenswerte möglich: die notwendige Selbstübergabe. Diese kommt durch eine neue Lebenshaltung zustande. Die dazu notwendige innere Kraft schöpft der Kandidat aus dem siebenfachen Lichtfeld der Geistesschule. Innere Veränderung und Lichtkraft ermöglichen schließlich die Geburt im Neuen Lebensfeld, dem Sonnenfeld.

Die Verwirklichung
Die Verwirklichung dieses Erneuerungsweges liegt in der Hand des Kandidaten. Er wird sich dem feurigen Kernprinzip anvertrauen müssen. Er muß den Kubus errichten oder auf dem Viereck bauen. Die vier Körper seines mikrokosmischen Systems können erst nach vollzogener Veränderung im Dienste der neuen Lebenswirklichkeit stehen. Sein Denken, Fühlen, Wollen und Handeln müssen vollständig auf den Lichtkreis gerichtet sein. So nähert er sich dem feurigen Dreieck, dem Trigonum Igneum des Geborenwerdens aus Gott, des Sterbens in Jesus und der Wiedergeburt durch den Heiligen Geist. Ebenso, wie dieser Prozeß sich mikrokosmisch vollziehen muß, gibt es auch eine kosmische neue Geburt, von der Welt und Menschheit als Gesamtheit berührt werden. Tobias Hess deutete am Ende des 16. Jahrhunderts darauf hin, daß ein neues kosmisches Feuer am Himmel erschienen sei, als Vorbote des großen kosmischen Feuers, das nun in der Aquarius-Ära in der Welt seine Auswirkungen zeigt. Das Feuer des Trigonum Igneum – das Feuer der drei Mysterienplaneten Uranus, Neptun und Pluto – verbindet sich gegenwärtig mit dem Feuer von Aquarius, das Kosmos, Welt und Menschheit strukturell angreift. In diesem Licht ist auch das Auftreten der Geistesschule des Goldenen Rosenkreuzes zu verstehen. 1924 ist sie ins Leben gerufen worden als »aus Gott geboren«. Ihre Arbeit ist die des weißen Kubus,

der auf dem Eckstein Jesus Christus ruht, einem Viereck des neuen Baus. Durch konsequent durchgeführte Arbeit ist diese Schule zu einer Pyramide – dem Trigonum Igneum – geworden, deren Basis sich in diesem vergänglichen Lebensfeld befindet, die mit ihrer feurigen Spitze jedoch mit dem ursprünglichen Lichtreich in Verbindung steht. Die klassischen Rosenkreuzer sprechen von sieben Schöpfungstagen oder sieben Perioden, in denen das Trigonum Igneum immer wieder erscheint. Es handelt sich um eine stets wiederkehrende Offenbarung der Universellen Bruderschaftskette, der göttlichen Hierarchie des Unbeweglichen Königreiches; eine Aneinanderreihung von Gliedern einer Kette, worin nun die Geistesschule ihren Platz eingenommen hat. Ihr Ziel liegt darin, dem Menschen den Befreiungsweg der an die Todesnatur gefesselten Seele zu ermöglichen. Die Schule verfügt dazu über den lebenden Körper oder das Kraftfeld, worin der Mensch die neue Geburt realisieren kann. Insofern ist sie eine Arche oder ein Himmelsschiff, ein Körper befreiender Kräfte. Um den Zustand der Gefangenschaft zu verlassen, muß der Mensch Anteil an diesen Kräften erhalten. Solange sein Mikrokosmos oder »minutus mundus«, wie die klassischen Rosenkreuzer es ausdrückten, noch vollständig aus den Kräften der Todesnatur lebt, bleibt er ein Bewohner dieser von der Ewigkeit abgeschlossenen Welt. Diese Welt ist beschränkt auf den Kreislauf von Leben und Tod. Die vierfache Persönlichkeit ist in dieser Begrenzung gefangen. Es fehlt ihr die wahrhafte Pyramide, das feurige Dreieck, die das dreifache göttliche Feuer durch die Begrenzungen hereinstrahlen läßt. Dieses Feuer hat sich in den Kernpunkt des Mikrokosmos zurückgezogen und wartet dort auf einen neuen Tag der Geburt. Der Geburtsprozeß wird in der Heiligen Schrift beschrieben. Wir können ihn umschreiben als einen Weg der Bewußtwerdung, auf dem die Begrenzungen der alten Persönlichkeit und des alten Lebensfeldes durchbrochen werden. Der Schüler wird eingeladen, das neue Lebensfeld zu betreten, das sich durch das jetzige Glied der Universellen Kette für ihn, mit ihm und in ihm offenbart.

Sieben mal sieben Strahlen
Das feurige Lichtfeld der Geistesschule ist eine lebende Wirklichkeit! Es strahlt in den Tempeln und teilt sich in sieben wirksame Strahlen, die ihrerseits wiederum jeweils ein siebenfaches Licht verbreiten. So stehen dem Schüler sieben mal sieben Strahlen zur Verfügung, um alle Prozesse der inneren Geburt zu unterstützen. In jedem dafür geöffneten Herzen wirkt dieses vielfältige Licht mit seinen 49 Strahlen. In ihrer Mitte halten die Strahlen, wie im Tempel von Haarlem und im Van Rijckenborgh-Tempel symbolisch dargestellt, einen fünfzackigen Stern in sich beschlossen. Dieser Stern von Bethlehem symbolisiert die Jesusgeburt in dem Menschen, der sich auf den Weg begibt, um den schmalen Pfad der Regeneration zu bewandeln. Auf diesem Weg wird er die Mysterien ergründen und wird wirkliche Konsequenzen damit verbinden müssen. So ist es kennzeichnend für das Lectorium Rosicrucianum, daß Lehre und Leben, Weisheit und Wirksamkeit stets miteinander verbunden sind. Das Licht offenbart sich durch die Tat. Die Tat ist der Weg zum klassischen Einweihungstempel, dem Grabtempel des Christian Rosenkreuz, in dem die Veränderung des mikrokosmischen Systems vollzogen wird. Sobald Persönlichkeit, Seele und Geist vom aurischen Wesen, der Verkörperung der Sündenlast des Mikrokosmos befreit werden, öffnen sich neue Wege. Die neue Himmel-Erde öffnet sich, sobald der Kandidat bewußt Einblick in die Mysterien erhält. Er baut auf dem Viereck und formt so den Kubus aus Geistkräften. In das Mysterium der Verwirklichung einzutreten bedeutet, den Grabtempel zu betreten, so wie es den Überlieferungen zufolge vor Hunderten von Jahren die Brüder des Rosenkreuzes ebenfalls taten:

»Am Morgen öffneten wir die Tür und fanden ein Gewölbe mit sieben Seiten und Ecken. Eine jede Seite maß fünf Fuß und die Höhe acht Fuß. Obwohl dieses Gewölbe niemals von der Sonne beschienen wurde, leuchtete es doch durch eine andere, die dieses von der Sonne gelernt hatte und hoch im Zentrum des Gewölbes stand. In der Mitte war statt eines Grabsteins ein runder Altar, mit einer Messingplatte belegt, darauf stand:

Dieses Kompendium des ganzen Alls habe ich mir in meinem Leben zu einem Grabe gemacht.

Um den ersten Kreis oder den Rand herum stand: *Jesus ist mir alles*. In der Mitte befanden sich vier Figuren, von Kreisen umschlossen, deren Umschriften lauteten:

Es gibt keinen leeren Raum
Das Joch des Gesetzes
Die Freiheit des Evangeliums
Gottes Glorie ist unantastbar«[1]

Tägliches Sterben
Diese heilige Botschaft vergegenwärtigt die Geistkraft des Trigonum Igneum. Hierin brennt das klassische Wurzelfeuer, das Kernfeuer der Universellen Bruderschaftskette des Lichtes. Es sind die Weisheit und die Wirklichkeit des Eingehens in die Pyramide, worin sich das Mysterium der Auferstehung offenbart. Dort muß sich zeigen, daß der alte Tempel abgebrochen und der neue Tempel errichtet ist.

Unser heutiges Leben muß als Vorbereitung verstanden werden, deshalb müssen wir Abschied davon nehmen. Der Schüler auf dem Pfad muß sich umwenden und aus dem Kreislauf von Leben und Sterben ausbrechen. Dann wird das gesamte Leben durch tägliches Sterben eine Verwirklichung des unvergänglichen Lebens. Dies bedeutet, Christi Nachfolger zu sein. Wer so lebt, betrachtet alle Dinge des

Lebens in Raum und Zeit im Lichte des dreifachen Kernfeuers. So weiß er jederzeit alle Aspekte des Lebens um und in ihm einem neuen Leben unterzuordnen. So wird die neue Wirklichkeit zur Tatsache. Es gibt keinen leeren Raum. Jede Entwicklung, jede Geburt, makrokosmisch, kosmisch und mikrokosmisch, verlangt nach Vollendung, nach der Erfüllung in der Kraft des Trigonum Igneum.

Was geschieht, wenn dieses neue Leben aus dem Saatatom des Unvergänglichen hervorbricht? Neue Verhältnisse zeigen sich, Einsichten werden auf eine neue Weise umgesetzt und ein neues System der Verwirklichung ist entstanden. Die Last des Gesetzes wird nicht mehr als schwere Bürde empfunden, sondern freiwillig angenommen. Ihr wird entsprochen im Lichte des Opfers, der Nachfolge und der Erfüllung. Ein solches Annehmen der Last des Gesetzes in der Kraft des Geistes führt zu der Freiheit, von der im Evangelium gesprochen wird. Die Tiefe von Gottes Wort offenbart sich und erweist sich als Bekräftigung der neuen Geburt. So zeigt sich die Kraft des Evangeliums als befreiende Kraft. Frei bedeutet auch: unantastbar. Die Herrlichkeit Gottes ist unantastbar; ebenso ist die in die Kette aufgenommene Seele unantastbar.

In unserer Zeit stehen wiederum ernsthafte Kandidaten vor dem Eingang des geistigen Grabtempels des Christian Rosenkreuz. Der Wasserträger trägt einen Krug mit lebendem Wasser über die Welt, der sich in die Herzen, Häupter und Hände derer ergießt, die dafür offen sind. Es ist eine Mysterienkraft, die die Veränderung im inneren Tempel ermöglicht. Im Licht- und Kraftfeld des Goldenen Rosenkreuzes ist dieses lebende Wasser konzentriert. In diesem Kraftfeld liegt sowohl die Basis des »aus Ägypten habe ich meinen Sohn gerufen« als auch die Verbindung mit der hermetischen Philosophie, die Gott erklärt als »eine unendliche Sphäre, deren

Mittelpunkt allgegenwärtig und deren Umfang unbegrenzt ist«, als auch mit Vater-Bruder Christian Rosenkreuz. Die Geistesschule ist als ein Kosmos in die Bruderschaftskette aufgenommen. Sie ist ein Vertreter der Ewigkeit. Sie offenbart sich in Raum und Zeit und schafft so eine wunderbare Verbindung zwischen dem gnostischen Vater-Mutter-Feld und dem Menschen der Todesnatur. Jeder, der den Kreis dieses kosmischen Lebensfeldes betritt, wird den Kubus der Mysterienschule und die Pyramide der dreifachen Regeneration als Werkzeug in Händen der Bruderschaft des Lebens sehen und erfahren.

---

[1] J.van Rijckenborgh, *Der Ruf der Rosenkreuzer Bruderschaft.* Seite xxxii. 3. Aufl. Rozekruis Pers, Haarlem 1985.

II

Entstehung und Entwicklung der Geistesschule des Rosenkreuzes

Jede Geistesschule ist ein aktueller Impuls der Bruderschaft des Lebens in der jeweiligen Zeit. Sie entsteht direkt aus den Kräften der Übernatur. Dennoch sucht sie immer auch die Anknüpfung an vorangegangene Schulen, die in der irdischen Welt gewirkt haben. Sie entsteht also primär aus der direkten Einstrahlung des Lichtes der Übernatur, schickt aber ihre Wurzeln auch ins Erdreich der vergänglichen Welt, in der Reste früherer Geistesschulen in Form von Schriften und Symbolen existieren. Außerdem gibt es stets vorbereitende Impulse, aus denen eine Geistesschule hervorwächst, so wie etwa Jesus mit der damaligen jüdischen Esoterik, vielleicht der Gemeinschaft der Essener in Verbindung stand, bevor er seine eigene Aufgabe übernahm.

Gründer des Lectorium Rosicrucianum sind Jan Leene, mit geistigem Namen Jan van Rijckenborgh (1896-1968), und sein Bruder Z.W.Leene (1892-1938). Sie stammten aus einer niederländischen Familie reformierten Glaubens. Von Kindheit an wirkte in beiden Brüdern ein stark suchendes Element: eine Strahlung aus dem Geistfunken, der sich entfalten wollte, in der vergänglichen Welt jedoch keine Möglichkeit dafür fand. Das gewöhnliche Christentum der Kirchen genügte ihnen nicht mehr.

Max Heindel
Im Werk Max Heindels und in seiner Gemeinschaft, der Rosicrucian Fellowship, fanden sie eine Antwort auf ihre Wahrheitssuche. In der »Weltanschauung der Rosenkreuzer« von Max Heindel begegnete ihnen eine Weltdeutung vom Geist her. Sie fanden dort den Weg der Menschheit beschrieben: Involution in die stoffliche Welt hinein, aber auch die evolutive Möglichkeit, mit Hilfe der Bruderschaft des Lebens das Gefängnis dieser Welt wieder zu verlassen und in die göttliche Welt einzugehen. Jan Leene und sein Bruder Z.W. Leene haben einige Jahre eine leitende Funktion in der niederländischen Sektion der Rosicrucian Fellowship gehabt. Hier fand ihre Sehnsucht nach Verbindung mit der Übernatur Nahrung. Die Rosicrucian Fellowship war eine Gemeinschaft, in der sich ihre geistigen Anlagen vorläufig entwickeln konnten. Gleichzeitig beschäftigten sie sich in diesen Jahren eingehend mit der Theosophie, vor allem den Büchern H.P. Blavatskys.

Der eigentliche Auftrag
Es kam der Augenblick, da den Brüdern Leene ihr eigentlicher Auftrag bewußt wurde. Es war nicht nur notwendig, die naturgeborene Persönlichkeit so zu verändern, daß sie den Sinn des Lebens begriff und sich von ihrem und dem Weltkarma löste – das war die Aufgabe Johannes des Täufers, der zur Umkehr rief. Der Mensch mußte – mit Jesus – auch einen Transfigurationsprozeß vollziehen. Die alte, naturgeborene Persönlichkeit mußte in den Kräften des Christus untergehen, damit eine neue, geistgeborene Persönlichkeit auferstehen konnte. Damit war den Brüdern Leene das Grundprinzip einer transfiguristischen Geistesschule bewußt geworden. Es mußte jetzt zusammen mit einer neu zu bildenden Gruppe verwirklicht werden.

Den Anfang dieser Gruppenbildung machten die beiden Brüder am 24. August 1924, als sie mit einigen Gleichgesinnten in einem Haus in Haarlem zur ersten Versammlung unter dem Zeichen des Transfigurismus zusammenkamen. Dieses Datum gilt als Gründungsdatum des Lectorium Rosicrucianum. Bis 1935 arbeitete Jan Leene noch im Rahmen der Rosicrucian Fellowship. Dann trennte er sich von der Gemeinschaft Max Heindels und gründete eine eigene Organisation. 1932 war Frau H. Stok-Huyser (geistiger Name Catharose de Petri, 1902-1990) verantwortliche Mitarbeiterin Jan van Rijckenborghs im Lectorium Rosicrucianum geworden.

Die Katharer
Das allmählich selbständig werdende Pflänzchen des Lectorium Rosicrucianum, gespeist vom Licht der Übernatur und gerufen zum Ziel der Transfiguration, suchte nun auch Rückhalt in der geistigen Vergangenheit der Menschheit. Jan Leene beschäftigte sich intensiv mit den Rosenkreuzerschriften des 17. Jahrhunderts. Eine entscheidende Begegnung aber kam kurz nach dem 2. Weltkrieg zustande. Catharose de Petri und Jan van Rijckenborgh nahmen Verbindung mit dem letzten Repräsentanten der Katharer in Südfrankreich auf. Die Katharer hatten eine entscheidende Voraussetzung des Transfigurismus praktiziert: das Endura. Das Endura ist die bewußte »Ersterbung« der alten irdischen Persönlichkeit in den Christuskräften, wodurch das wahre Selbst, die neue, aus Gott geborene Persönlichkeit, in Erscheinung treten kann. Das Endura ist das »Sterben« der Philosophen bei Plato, das bewußte Erlöschen allen Strebens nach Macht, Geltung und Genuß. Es ist das Sterben des Weizenkorns in einem Gleichnis Jesu: Wenn das Weizenkorn nicht in die Erde fällt und erstirbt, bleibt es allein. Wenn es aber erstirbt, trägt es viel Frucht (Joh. 12, 24).

Mehrere Reisen ins Languedoc bestärkten die Verbindung des Lectorium Rosicrucianum zu den Katharern und Antoine Gadal, ihrem letzten Patriarchen. Regelmäßig kamen und kommen seither Schüler des Lectorium Rosicrucianum in Ussat-les-Bains zusammen, um diese Verbindung mit den Kräften der vorangegangenen Bruderschaft der Katharer zu beleben.

Internationale Entwicklung nach dem 2. Weltkrieg
Parallel zu diesen Kontakten zur alten Bruderschaft der Katharer und in den folgenden Jahrzehnten nach dem 2. Weltkrieg erlebte das Lectorium Rosicrucianum eine enorme, dynamische Expansion. In erster Linie war der Grund dafür die spirituelle Kraft der Bruderschaft, die in der jungen Gruppe immer wirksamer wurde und durch die äußere Organisation der Geistesschule nach außen trat.

Diese Entwicklung setzte im Jahr 1946 mit der Herausgabe des Buches »Dei Gloria Intacta« von Jan van Rijckenborgh ein. Dieses Werk wurde in den Kriegsjahren geschrieben, in jener Zeit, in der die Schule des Goldenen Rosenkreuzes im Geheimen wirken mußte, da die Niederlande von den Deutschen besetzt waren und das Lectorium Rosicrucianum verboten war. Im Buch »Dei Gloria Intacta« wurde die Basis für die Lehren des modernen Rosenkreuzes gelegt. Und in den darauf folgenden Jahrzehnten erschien eine weitere Anzahl Bücher von den beiden geistigen Leitern der Schule, Jan van Rijckenborgh und Catharose de Petri.

In all diesen Büchern wurde der Transfigurismus anhand der Bibel, also aufgrund rein christlicher Mysterien, erklärt. Viele Anknüpfungspunkte wurden in der Universellen Lehre – wie zum Beispiel in der Weisheit des Hermes Trismegistos, niedergeschrieben im *Corpus Hermeticum*, im *Tao Teh King* von Lao Tse, der reinen chinesischen Gnosis und natürlich nicht zuletzt in den Schriften des klassischen Rosenkreuzes *Fama Fraternitatis R.C.*, *Confessio Fraternitatis R.C.* und *Chymische Hochzeit Christiani Rosencreuz* – gefunden und so deutlich wie nie zuvor ans Licht gezogen. Ein großer Schatz an Kenntnis und spirituellem Reichtum wurde in all diesen Publikationen niedergelegt.

Gleichen Schritt mit diesen vielen Schriften, die ab 1946 bis in die sechziger Jahre in stetem Regelmaß das Licht erblickten, hielt der Ausbau der stofflichen Offenbarungsform der Schule. Das einzigartige Zusammenwirken zwischen Catharose de Petri und Jan van Rijckenborgh auf hohem spirituellen Niveau hatte zur Folge, daß außer der Niederlegung der reinen transfiguristischen Philosophie in Wort und Schrift unter ihrer großen und inspirierenden Einsicht ein Arbeitsapparat erstand, der sich über viele Länder innerhalb und außerhalb Europas ausbreitete. Das Hauptziel dieser Anstrengungen war, den spirituellen Schatz, den sie freigelegt hatten, tatsächlich in den Herzen der Schüler und aller, die nach neuen, höheren Werten, nach dem wahrhaften Menschsein suchten, zu verankern.

Sieben Hauptzentren
Der geistigen Leitung des Lectorium Rosicrucianum stand unaufhörlich die Erneuerung, wirkliche, geistige Veränderung vor Augen. Um das im Menschen zu verwirklichen, damit dieser sich vollkommen darin vertiefen konnte, wurden die Erneuerungszentren gegründet. Sieben Hauptzentren mit je einem Tempel der Erneuerung als Mittelpunkt, mußten erstehen. 1946 wurde mit dem Ankauf des Gebäudes Elckerlijck in Lage Vuursche, einem zentralen Punkt im Herzen der Niederlande, begonnen. In diesem Zentrum wurden und werden Konferenzen über zahllose Themen,

die alle die Universelle Lehre des Transfigurismus betreffen, gehalten. Stets mehr Interessierte strömten hinzu, und es ist daher nicht verwunderlich, daß innerhalb von fünf Jahren, nämlich bis 1951, das Unterkunftsgebäude dreimal vergrößert werden mußte. Gleichzeitig wurde der Renova-Tempel in Gebrauch genommen. Das erste große Erneuerungszentrum war damit fertig und wurde seitdem von vielen Hundert Schülern aus den Niederlanden, aus Belgien, Deutschland, Frankreich, der Schweiz und vielen anderen Ländern besucht.

In den folgenden Jahren wurden in schneller Folge die anderen Hauptbrennpunkte gegründet. In Nord- und Süddeutschland, in der Schweiz und in Brasilien entstanden Konferenzorte (Calw in Süddeutschland, Bad Münder in Norddeutschland, Caux in der Schweiz), in denen die Schüler regelmäßig zusammenkommen, um sich in die Lehren des Rosenkreuzes zu vertiefen, die sich auf die eine universale Basis stützen. Die Zentren dieser Aktivitäten waren und sind die Tempel der Erneuerung. Die Lebenshaltung vieler Schüler erfuhr eine große Veränderung. Die Gruppe erhob sich immer mehr in die weiten Höhen des spirituellen, gnostischen Lebens.

In den letzten Jahren wurden dem Werk Konferenzorte in Nord- und Südfrankreich hinzugefügt. Außerdem faßte die Schule Fuß in Spanien, Italien, Polen, Rußland, Tschechien und Ungarn, während auch in den Vereinigten Staaten von Nordamerika, in Südamerika, Afrika und Neuseeland Zentren gegründet wurden.

In allen Ländern, in denen das Lectorium Rosicrucianum wirkt, befinden sich in vielen Städten sogenannte Zentren, in denen Schüler zwischen den Konferenzen zusammenkommen. So ist das Werk des Lectorium Rosicrucianum zu einer internationalen spirituellen Arbeit mit Schülern und Interessierten in vielen Ländern der Welt geworden.

Der Vorhof und die van-Rijckenborgh-Schulen
Inzwischen hat sich auch eine sogenannte Vorhofarbeit gebildet, die darauf gerichtet ist, interessierte Sucher über das moderne Rosenkreuz zu informieren. In allen Zentren des Lectorium Rosicrucianum ist es für Interessierte möglich, die regelmäßig stattfindenden Informations-Zusammenkünfte zu besuchen. Ein Strom von Suchern, der diese Zeit kennzeichnet, durchläuft diese Zusammenkünfte, und viele Interessenten finden so den Weg zum Lectorium Rosicrucianum.

Innerhalb des Lectorium Rosicrucianum gibt es auch ein blühendes Jugendwerk, das in beinahe allen Ländern sehr aktiv ist. Die wichtigste Aufgabe des Jugendwerkes ist, das Herz des Kindes möglichst offen zu halten für ein künftiges spirituelles Interesse und eine entsprechende Entwicklung. Es ist bekannt, daß das Kind eine große Empfänglichkeit für Eindrücke aus dem eigenen Seelenwesen besitzt. Sie geht leider später oft verloren oder wird durch das gesellschaftliche Leben in den Hintergrund gedrängt: durch den Daseinskampf, das Karrierestreben, meistens auf Drängen der Eltern, das allgemeine Unterrichtssystem, in dem das Karrieredenken immer noch im Mittelpunkt steht. Durch das alles droht die Gefahr, daß die innere Seelenstimme schon sehr bald nicht mehr gehört wird und das Ichleben dominiert. Das Jugendwerk des Lectorium Rosicrucianum versucht, zu dieser Seelenstimme zu sprechen und sie im Kind lebendig zu erhalten.

Dieses Ziel hat auch die Stiftung »Schulen des Rosenkreuzes«.

Aus den obengenannten Gründen wurde die dringende Notwendigkeit empfunden, einen speziellen Unterricht zu geben der auf den Schutz der Seele des Kindes gerichtet ist. Dieser Unterricht wird in den Jan van Rijckenborgh-Schulen (bis jetzt nur noch in Holland) angewendet. Auch dieser Aspekt, der vom Lectorium Rosicrucianum auf jede mögliche Weise unterstützt wird, findet in weiteren Kreisen Interesse.

Es ist unmöglich, in diesem kurzen Bericht alle Abteilungen des Lectorium Rosicrucianum zu nennen. Aber der Leser wird gewiß schon ein Bild der vielumfassenden Arbeit des Lectorium Rosicrucianum erhalten haben. Nach über siebzig Jahren ist es zu einer weltumspannenden Bewegung geworden. Letzten Endes geht es jedoch um das Mitbewegen im universellen Strom, um dadurch für die Forderungen der neuen Zeit offen zu sein.

Aquarius

Was liegt dieser dynamischen Entfaltung zugrunde? Was ist ihr Geheimnis? Unmittelbar nach dem Zweiten Weltkrieg richteten die Geistigen Leiter sich auf die neue Zeit, denn sie wußten, daß sie bevorstand, ja, sich bereits in Entwicklung befand. Was sich vor ihrem visionären Blick in den astralen und ätherischen Gebieten unseres Kosmos abzeichnete, war im Begriff, sich im Stoff zu offenbaren. Sie stützten sich denn auch auf die feste Überzeugung, die bei allem, was sie aussprachen, in den Vordergrund trat, daß die gesamte Menschheit in unserem Jahrhundert von einer gewaltigen atmosphärischen Veränderung ergriffen würde, die auf den Zusammenhang zurückzuführen ist, der zwischen allen Planeten unseres Sonnensystems besteht. Mächtige geistige Kräfte werden darin frei, die einen starken Einfluß auf alles Leben auf unserem Planeten ausüben. Aber in erster Linie sind sie vorhanden, um vor allem auch die Menschheit auf unserem Planeten anzusprechen. Warum? Wegen der göttlichen Berufung, die jeder Mensch in sich trägt. Es geht in dieser Zeit ein Ruf zur gesamten Menschheit aus, ob sie ihn versteht oder nicht. Und alle müssen reagieren.

Dieser Ruf, diese neue Zeit, wird als »Aquarius« bezeichnet. Der gegenwärtig allgemein bekannte Begriff Aquarius war den meisten Menschen noch unbekannt, als im Lectorium Rosicrucianum bereits intensiv darüber gesprochen wurde, und zwar nicht im Sinn einer politischen, ökonomischen oder religiösen Reform innerhalb der Grenzen des in dieser Hinsicht bereits Bestehenden, sondern im Sinn eines vollkommenen spirituellen Erwachens. Es geht um eine fundamentale Veränderung, eine vollständige Umkehr. Die Menschheit wird gerufen – jedenfalls alle, die es wollen und noch können – die alten Pfade zu verlassen und eine fundamentale Lebenserneuerung durchzusetzen, um so eine höhere Lebensspirale ersteigen zu können. Aquarius ist denn auch nichts anderes als ein intensives Bemühen, die Menschheit in eine fundamentale spirituelle Veränderung eintreten zu lassen, um so zu der einen, wahren Religion zu gelangen. Alles andere muß sich notwendigerweise fügen. Das Lectorium Rosicrucianum hat sich denn auch in den Dienst der Wahrheit gestellt, die jeden Betrug, jede Täuschung und Unwissenheit beendet, wenn der Mensch seiner göttlichen Berufung folgt. Wahrheit ist Licht und Kraft. Wahrheit ist Liebe. Sie sind atmosphärisch und infolgedessen universell anwesend und allgegenwärtig.

Das Lectorium Rosicrucianum sieht es auf der Basis dieser Überzeugung als seine Aufgabe an, die Bedingungen und Möglichkeiten zu schaffen und aufzugreifen, um diese universelle Tinktur jedem anzubieten, der will, der sich nähert und sie empfangen will. Die Wahrheit, die den Menschen zu seiner wahren Bestimmung führt, ist nicht an ein Dogma oder System gebunden. Die Wahrheit ist ein universelles Wissen. Aber dieses Wissen muß im Menschen frei werden. Dazu ist nötig, daß er sich aus seinem alten Lebenszustand befreit. Dann fallen die Schleier. Dann kann es keine Mystifikation mehr geben. Der Mensch empfängt das Vermögen, aus erster Hand zu sehen und hören.

Im Lectorium Rosicrucianum wird in vielen Tonarten über die universelle Wahrheit, die zu allen Zeiten bestanden hat und der Menschheit immer wieder nahegebracht wird, gesprochen. Auch die umfangreiche Literatur, die von der Rozekruis Pers herausgegeben wird, zeugt davon. Unzählbar sind die Facetten des göttlichen Diamanten, den wir Gnosis nennen. Die Gnosis aller Zeiten ist die Übersetzung des göttlichen Wortes. Jeder, der dieses Wort wiedererkennt, wird es auch in allen Aspekten finden, die zusammen das Lectorium Rosicrucianum bilden. Er wird wissen, daß er an der Quelle steht. Er wird dann auch nichts anderes wollen und können, als aus dieser Quelle zu schöpfen, nicht nur für sich selbst, sondern auch für alle, die danach suchen und verlangen. Er wird jene, denen er auf seinem Pfad begegnet, dorthin führen.

Die Diener des Lichtes
Von den Dienern des Lichtes unter der Menschheit wird auf verschiedenen Ebenen gearbeitet. Als Abgesandte der Wahrheit wohnen sie unter den Menschen. Einige unter ihnen haben den Auftrag, und sie haben auch Erfolg damit, einen Lebenden Körper zu bauen, einen neuen Kosmos, der von einem neuen und reinen astralen Feld umgeben ist. Es ist ein Kosmos mit Brennpunkten, die als Transformationsstationen für die neuen astralen Konditionen dienen. Sie werden mit dem Ziel ausgebreitet, jene, die es wollen, zu lehren, in der

neuen geistigen Atmosphäre zu atmen, die in all ihrer Reinheit zur höheren Geist-Seelen-Welt gehört.

So ist es geschehen. Die Brennpunkte sind gegründet. Der Kosmos ist geformt. Und ein Lebender Körper mit einem Kraftfeld mit neuer ätherischer und astraler Beschaffenheit ist entstanden. Nach den ersten Pionieren haben inzwischen viele darin ihren Platz gewählt. Sie haben ein neues Lebensziel gefunden und weihen sich einer vorbereitenden Lebenshaltung und Ausrichtung, um den neuen Lebensbedingungen, die der Sonnenlogos stellt, genügen zu können. Es findet ununterbrochen eine tief-spirituelle Arbeit statt. Viele weihen sich ihr, geben ihr all ihre Zeit, ihr Leben.

Die Internationale Spirituelle Leitung
Um das vielumfassende Werk auf internationalem Niveau zu leiten und zu koordinieren, wurde eine Internationale Spirituelle Leitung gebildet. Auch in Brasilien wurde ein solches Gremium eingesetzt, um die spirituelle Leitung für das gesamte südamerikanische Gebiet zu übernehmen. Die transfiguristische Lehre wurde von den beiden Großmeistern der Geistesschule, Jan van Rijckenborgh und Frau Catharose de Petri, auf der Basis der reinen, ursprünglichen, christlichen Gnosis, im Zusammenhang mit den Universellen Lehren aller Zeiten, die noch vorhanden waren, geoffenbart. Das bereits erwähnte einzigartige Zusammenwirken, das mehr als ein halbes Menschenleben umfaßte, hat eine große spirituelle Bewegung in Gang gesetzt, in der ein neuer Kraftquell vibriert.

Diese Lehre wird in ihrer reinen Form, so wie sie gebracht wurde, von der Spirituellen Leitung weiterhin ausgetragen, ohne daß etwas von ihrer spirituellen Essenz hinweggenommen oder hinzugefügt wird. In voller Verantwortung sowohl für die organisatorische Offenbarungsform als auch für den spirituellen Schatz, der in ihre Hände gelegt ist, wird sie sie erhalten, beschirmen, lebendig bewahren und möglichst über die ganze Welt ausbreiten. Die Internationale Spirituelle Leitung hat keine andere Absicht, als die große Arbeit der beiden Geistigen Leiter in der Zeit fortzusetzen und die Geistesschule selbst als Trägerin eines Lebenden Körpers im Dienst aller zu bewahren, die sich darin befinden und noch Anteil daran erhalten werden. Mit großer Dankbarkeit und Ehrerbietung für das, was die Geistigen Leiter schenkten und zustandebrachten, werden die Mitglieder der Spirituellen Leitung ihrem Vermögen und ihrer Einsicht entsprechend diese Aufgabe nach Ehre und Gewissen ausführen.

12

Das Ziel der Geistesschule des Rosenkreuzes

Was haben die Rosenkreuzer für Ziele?

Es ist gar nicht so einfach, darauf eine Antwort zu geben. Denn die Ziele der wahren Rosenkreuzer unterscheiden sich von allen gängigen esoterischen, religiösen, wissenschaftlichen und politischen Zielen.

Glück im Diesseits?
In der Öffentlichkeit gibt es zahlreiche Vorurteile über das Wirken der Rosenkreuzer, die vielleicht auf manche Gruppen zutreffen, welche sich zu Unrecht als Rosenkreuzer bezeichnen, aber mit dem wahren Rosenkreuzertum nichts zu tun haben. So meinen z.B. viele, die Rosenkreuzer wollten eine politische Verbrüderung der Menschheit, einen Einheitsstaat, in dem Gerechtigkeit, Friede, Wohlstand und Freiheit für alle herrschen, wobei die Rosenkreuzer die Macht haben. Also ein Reich des Glücks im Diesseits.

Aber den wahren Rosenkreuzern kommt es nicht auf Macht und Einfluß an. Auf das Glück der Menschheit durchaus. Doch worin besteht das Glück der Menschheit? Ist es ein Leben in Freiheit, Wohlstand und Frieden? Ein solches Leben wäre sicher erstrebenswert. Doch der Mensch geht in einem solchen Leben nicht auf. Er wäre bald unzufrieden. Denn größere Ziele sind in ihm angelegt.

Glück im Jenseits?
Das wird nun von anderen so verstanden, als wollten die Rosenkreuzer die Herrschaft über die okkulten, feinstofflichen Kräfte der Welt erringen. Sie wollten Meister über diese Kräfte werden, und dann die Menschen durch diese Kräfte beherrschen, sei es zum eigenen, sei es zum fremden Vorteil. Also ein Reich des Glücks in den feinstofflichen Welten des Jenseits.

Viele gehen sogar noch weiter und behaupten, die Rosenkreuzer spielten überhaupt nur mit dem Geheimnis, um Macht zu erringen. Sie wüßten selbst nichts, spiegelten aber ein geheimnisvolles Wissen vor, um Menschen anzulocken und auszubeuten. So etwa schildert sie Umberto Eco in seinem Buch »Das Foucaultsche Pendel«. Und auch solche Rosenkreuzer mag es tatsächlich geben. Doch die wahren Rosenkreuzer wollen keine Herrschaft über okkulte Kräfte, um dadurch die Menschen zu beherrschen, und sie spekulieren auch nicht über irgendwelche Geheimnisse. Sie wollen die Menschen nicht zu einem Glück im Diesseits führen, obwohl ein solches Glück erstrebenswert wäre. Sie wollen sie auch nicht zu einem glücklichen Leben im Jenseits führen. Was aber wollen die Rosenkreuzer dann?

Ein Leben in der Ewigkeit
Die Rosenkreuzer wissen, daß im Menschen ein unvergänglicher Kern, eine unsterbliche Geistseele wohnt. Sie wissen aber auch, daß diese Geistseele im Augenblick in den allermeisten Menschen unwirksam ist. Sie lebt nicht. Sie wird gerade durch das Streben des Menschen nach politischen, esoterischen und religiösen Zielen im Diesseits und Jenseits an ihrer Entfaltung gehindert.
Alle Gruppierungen mit solchen Zielsetzungen bewegen sich im Bereich des Diesseits und Jenseits, im Vergänglichen. Die

Bestimmung des Menschen liegt aber in der Ewigkeit, im Unvergänglichen. Will er in diese Unvergänglichkeit und Ewigkeit eingehen, so muß er freiwillig seine Bindungen an die Vergänglichkeit preisgeben.

Das wird in der Bibel so ausgedrückt: »Wer sein Leben verlieren will um meinetwillen (d.h. um des ewigen wahren Selbstes willen, das Jesus verkörpert), der wird das Leben retten.« Wer sein Leben, das ist das Streben nach Glück im Diesseits und Jenseits, um der Ewigkeit willen verliert, der wird das Leben in der Ewigkeit retten. Die wahren Rosenkreuzer wollen dazu beitragen, daß der Mensch das Leben in der Ewigkeit rettet. Das ist ihr Ziel.

Was ist dieses Leben in der Ewigkeit? Wird es vor oder nach dem Tod erfahren?
Es kann in jedem Augenblick erfahren werden. Es ist ein Bewußtsein von den ewigen Gesetzen und Kräften Gottes und eine Einheit mit diesen Gesetzen und Kräften.

Unter bestimmten Bedingungen kann sich dieses Bewußtsein und Sein im Menschen kundtun – dann nämlich, wenn all sein Streben nach Glück im vergänglichen Diesseits und Jenseits zur Ruhe gekomen ist. Dann kann sich die Ewigkeit, aus der er als Geistwesen hervorgegangen ist, in ihm bemerkbar machen. Die latente Geistseele in ihm entfaltet sich und wird bewußt und wirksam.

Im Diesseits versucht der Mensch immer, irgend etwas festzuhalten, was ihm gut oder schön erscheint, und abzustoßen, was er häßlich und böse findet. So ist er in den Gesetzen und Kräften dieser Welt gefangen. Und auch im Jenseits wird er weiter an diese Vorlieben und Abneigungen gebunden sein.

Doch es gibt einen Zustand, wo ein Mensch nicht festhält und abstößt, sondern nur Wahrnehmung und Hingabe ist. Da nimmt er die ewigen Gesetze und Kräfte Gottes wahr, geht bewußt in ihnen auf und arbeitet mit ihnen mit.

Das also ist das Ziel der wahren Rosenkreuzer in Geschichte und Gegenwart: Dem Menschen und der Menschheit behilflich zu sein, ihre Bestimmung zu erfüllen, die nicht im Diesseits und Jenseits liegt, sondern im ewigen Jetzt.

13

Die drei Säulen der ewigen Wahrheit

Das Ziel der Geistesschule des Rosenkreuzes wird unterstützt durch die Lehre, das Kraftfeld der Gemeinschaft und die Tempeldienste, in denen Lehre und Kraftfeld dynamisiert werden.

Die Lehre ergibt sich aus den Erfahrungen, die der Mensch auf dem spirituellen Weg macht. Sie ist also keine Erfindung des menschlichen Gehirns, auch nicht in erster Linie ein begriffliches System, sondern Beschreibung von Tatsachen und Erkenntnissen. Da diese Beschreibung ähnliche Erfahrungen in anderen Menschen anregen kann, ist sie gleichzeitig Kraft. Und da der Sinn der Lehre ist, daß der Hörer die von ihr beschriebenen Erfahrungen selbst erlebt, ist sie im Grunde ein Programm, das verwirklicht werden muß.

Es ist ein merkwürdiges Jahrhundert, in dem wir leben: Auf der einen Seite spüren immer mehr Menschen – wie unzulänglich die einseitig rationalistische Auffassung ist, von der das öffentliche Leben beherrscht wird, und viele suchen bei den verschiedensten alternativen und esoterischen Gruppen ihre Zuflucht. Auf der anderen Seite verliert die Darstellung der christlichen Heilslehre immer mehr an Spiritualität – sicher nicht zuletzt wegen des Verlustes an Glaubenskraft in unserer Zeit.

Viele Menschen, die sich Christen nennen, sehen das Evangelium nicht mehr als göttliche Offenbarung an, sondern sehen in Jesus einen Sozialrevolutionär, der als Vorbild für den politischen Kampf gegen Elend und Repression dienen sollte.

Nicht nur unseres, jedes Jahrhundert hat auf seine Weise auf das Evangelium reagiert, auf eine Weise, die eng mit der jeweiligen Entwicklung der Epoche und dem Bewußtsein der Zeitgenossen verbunden war. Denn dem Menschen, dessen natürliches Bewußtsein die wahren Hintergründe des göttlichen Wortes nicht fassen kann, bleibt gar nichts anderes übrig, als das gegebene Wort seinem Verständnis anzupassen.

Indessen hat es stets Menschen gegeben, deren Wesen durch einen langen Weg der Läuterung und Einweihung so gereinigt war, daß sie das Wort Gottes verstehen und an die anderen in der Sprache ihrer Zeit weiterzugeben vermochten. Diese Menschen konnten oft nur im Verborgenen wirken, weil sie verfemt und verfolgt wurden. Doch ihrem Mut, ihrer Arbeit und ihrer Liebe ist es zu verdanken, daß die Wahrheit über die Herkunft und über die Bestimmung des Menschen und den Grund für seine leidvolle Existenz hier auf der Erde nicht untergegangen ist. Durch sie wurde universelles Wissen von Generation zu Generation weitergegeben, so daß die ewige Wahrheit wie ein unterirdischer Strom durch alle Zeitalter fließen konnte.

In dieser Tradition steht das moderne Rosenkreuz. Das Lectorium Rosicrucianum wirkt – in der Sprache unserer Zeit – auf dem gleichen geistigen Hintergrund, aus dem auch das Gedankengut der Rosenkreuzer zu Beginn der Neuzeit stammt, und dieses wiederum steht fest auf dem Boden des Neuen Testamentes. Am Anfang des 17. Jahrhunderts hatte Johann Valentin Andreä mehrere, zum Teil durch ihre Sprache und ihre Symbolik verschlüsselte Bücher geschrieben, die, obgleich sie für den unvorbereiteten Leser ziemlich unverständlich waren, dennoch das damalige Europa tief bewegten. Die Zeit war reif für einen solchen geistigen Impuls: Hunderte, wenn nicht tausende, begaben sich in der Folgezeit auf die Suche nach dem mysteriösen Orden der Rosenkreuzer. Doch sie konnten ihn nicht finden, wenn nicht ein reines inneres Verlangen sie auf den Weg der Einsicht und Verwandlung trieb.

Das uralte Wissen, die universelle Weisheitslehre, die in unserer Zeit durch das moderne Rosenkreuz lebendig gemacht und den wahren Suchern gereicht wird, beruht auf drei grundlegenden Erkenntnissen, auf drei »Säulen«. Es sind dies:
– Die Kenntnis von den beiden Naturordnungen, einer göttlichen und einer gefallenen,
– die Kenntnis von der doppelten Natur des Menschen als vergänglicher Persönlichkeit in einem unvergänglichen Mikrokosmos und
– die Kenntnis von der Erlösung des Menschen vom Kreislauf der Geburten, die Transfiguration.

Die beiden Naturordnungen
Wenn Jesus vom »Königreich der Himmel«, wenn Buddha vom »Nirwana«, wenn Lao Tse von »Tao« spricht, so ist damit nicht das »Jenseits« zum irdischen Diesseits gemeint, das Gebiet der Toten, welches von der Schule des Rosenkreuzes »Spiegelsphäre« genannt wird. Diesseits und Jenseits sind die beiden einander bedingenden Hälften der aus der göttlichen Einheit gefallenen Naturordnung, wir bezeichnen sie als »dialektische« Naturordnung. In dieser ungöttlichen Natur herrscht der Wechsel, die fortwährende Verwandlung zwischen den Gegensätzen. Was immer auf Erden entstehen mag, es entsteht zugleich sein Gegensatz. Mit dem Sein wird

das Nichtsein hervorgerufen – alles, was entsteht, ist vergänglich. Das Nirwana dagegen ist das Nichtsein der Gegensatzwelt des irdischen Seins und Nichtseins, das heißt, es ist das ewige Sein. Wer in diesem göttlichen Sein ist, ist der Vergänglichkeit, dem Verfall, dem Tod nicht unterworfen. Er lebt in Übereinstimmung mit den göttlichen Schöpfungsgesetzen, in Harmonie mit der Schöpfung, in der Freiheit des schöpferischen Mitwirkens. Von diesem göttlichen Reich zeugen alle Botschafter, alle großen Söhne Gottes – und alle heiligen Schriften, in denen, wie in der Bibel, die Worte der aus dem göttlichen Leben zu uns Gesandten aufgezeichnet und überliefert wurden.

Die Menschen schenken der göttlichen Botschaft vielfach keinen Glauben, denn sie können mit dem für den Gebrauch in der dialektischen Naturordnung bestimmten Sinnesvermögen das göttliche Reich nicht sehen. Sie wenden sich ab oder sogar gegen das rettende Wort – solange ihre eigene Lebensnot ihnen nicht Ohren gibt, die »hören« können, solange ihr eigenes Inneres nicht allem äußeren Anschein zum Trotz bezeugt, daß diese Botschaft wahr ist.

Der Mensch – ein Mikrokosmos
Der Mensch ist Teil der irdischen, ungöttlichen Naturordnung, denn er ist aus ihr geworden. Sein biologischer Körper ist aus den Atomen der Natur der Gegensätze aufgebaut, seine feinstofflichen Körper, das heißt der Astral- und der Ätherkörper, aus den für unsere Augen unsichtbaren Substanzen der jenseitigen Welt. Nichts von dieser natürlichen Ausstattung des Menschen hat ewigen Wert oder ewige Dauer, alles – die feinstofflichen Körper nicht weniger als der grobe Stoffkörper – ist dazu bestimmt, nach einem Leben in den Wechselbädern der Gegensatzwelt die vorherbestimmte Auflösung im Tod zu erfahren. Und dennoch ist ein Geheimnis mit seinem Wesen

verbunden. Wenn wir diesem Geheimnis auf die Spur kommen wollen, müssen wir uns der zweiten »Säule« der universellen Weisheitslehre nähern, der Lehre von der Natur des Menschen.

Wie uns alle Botschafter des Lichts offenbaren, trägt der Mensch einen Funken des ewigen Lichtes in sich. Jesus nannte es das »Königreich Gottes in euch«, die östliche Weisheitslehre spricht vom »Juwel in der Lotosblüte«, die Rosenkreuzer sprechen vom »Geistfunken«, vom »Uratom« oder von der »Rose des Herzens«. Und die Theosophen nannten es bezeichnenderweise das »letzte Überbleibsel« – nämlich des einstmals göttlichen Menschen.

Die ursprüngliche Heimat des wahren Menschen ist nicht die dialektische Naturordnung, sondern das Königreich der Himmel. Dort war er als einer der Söhne Gottes zum Leben in der ewigen göttlichen Ordnung geschaffen. Er war ein leuchtender Mikrokosmos mit Entsprechungen zu allen Kräften und Möglichkeiten des göttlichen Makrokosmos. Die universelle Lehre sagt uns, daß es Egozentrik war, die ihn zu Fall brachte. Die Lichter des Mikrokosmos erloschen, der göttliche Geist zog sich aus der gefallenen Wesenheit zurück, die göttliche Seele versank in Schlaf – und der führungslose Mikrokosmos taumelte ziellos durch das »Chaos«. Zur Rettung der gefallenen Gotteskinder wurde der irdische Mensch aus den Kräften der Natur geschaffen und dem Mikrokosmos als zwar nicht göttliche, aber doch lebende, beseelte, bewußte Wesenheit eingepflanzt. Mit Hilfe des »implantierten« sterblichen Menschen konnte der entleerte, aber unsterbliche Mikrokosmos eine gewisse Form von Leben und Bewußtsein gewinnen und Erfahrungen sammeln. Göttlich an diesem ungleichen Gespann von Mikrokosmos und irdischem Menschen ist allein die auf ein Atom geschrumpfte, schlafende ursprüngliche Seele, der »Lotos«, die »Rose«. Mit dieser Rose ist der irdische Mensch begabt und geplagt. Sie quält ihn, weil sie seine Ruhe in dieser Welt stört, aber sie schenkt ihm auch die Möglichkeit, das göttliche Wort zu verstehen.

Die Transfiguration
Irgendwann, nach einer endlosen Kette von Inkarnationen, wird der Mikrokosmos seiner Wanderschaft fern der Heimat müde. Der Seelenkern erwacht, und der Mensch wird durch die Sehnsucht des Uratoms nach seiner göttlichen Heimat so lange beunruhigt und umgetrieben, bis er ihr Gehör schenkt, zum Sucher wird und eines Tages vor die Tore einer Geistesschule gelangt und um Einlaß bittet. Die ganze dialektische Naturordnung ist geworden, um dem Menschen diese Möglichkeit zu schenken: auf die erwachende Seele zu hören und im Gehorsam dieser inneren Stimme gegenüber den Mikrokosmos zu reinigen, das Wiederaufleben der göttlichen Seele zu ermöglichen und den wiedererstandenen Sohn Gottes in seine Heimat zurückzuführen. Diesen Prozeß nennt die Geistesschule »Transfiguration«, die Rosenkreuzer des Mittelalters sprachen von »Alchimie«, Jesus nannte ihn »Wiedergeburt aus Wasser und Geist«. Die Lehre von der Verwandlung des Sterblichen in das Unsterbliche (Paulus) ist die dritte »Säule« der universellen Lehre: die Kenntnis von der Erlösung des Menschen aus dem Kreislauf der Geburten, das Evangelium von der Auferstehung des Ewigen im Menschen.

Dem stofflichen irdischen Menschen ist die große Aufgabe anvertraut, den Mikrokosmos, den er bewohnt, zu erlösen. Ohne seine Einsicht und seine Mitwirkung ist diese Erlösung nicht möglich. Aber wenn der Mensch sich zum Diener des Erlösungsprozesses macht, wird er in den Prozeß der Verwandlung in das Unsterbliche aufgenommen: »Der Tod ist verschlungen in den Sieg«, so sagt Paulus.

Der Verwandlungsprozeß, die Transfiguration, hat drei Phasen. Es ist der Abbruch des alten »Tempels« und der Aufbau des neuen in drei Tagen, wie Jesus verheißt. Durch diesen Prozeß wird der ganze Mikrokosmos mit seiner Geistgestalt, seiner Seelengestalt und seiner Körpergestalt erneuert und unsterblich. Er wird wiederum zum Bewohner des Königreichs der Himmel und zum Bruder aller Kinder Gottes. Dieses gewaltige Geschehen kann sich im Kraftfeld einer Geistesschule vollziehen, die die Möglichkeiten zur Geburt des neuen Menschen zur Verfügung stellt. Der Mensch, der beschließt, diesen Weg zu gehen und sich ihm mit all seinen Kräften zu widmen, wird seine Aufmerksamkeit und sein Begehren von der irdischen Welt abziehen und immer intensiver auf das neue Werden richten. Seine Sehnsucht nach dem neuen Leben wird ihm die Kräfte schenken, sein altes Wesen zu neutralisieren und in sich aus dem schlafenden Gottesfunken die neue Seele erblühen zu lassen. Durch die Neutralisation des Ichs wird der Mikrokosmos gereinigt und dem Einfluß der Naturäonen, der Herrscher über die dialektische Weltordnung, entzogen. Die erloschenen Lichter des ursprünglichen Mikrokosmos beginnen wieder zu leuchten und erstrahlen als ein neues Firmament. Mit diesem erneuerten System kann der Geist wieder in Verbindung treten. Wenn die »alchimische Hochzeit« gefeiert, die erneuerte Seele mit dem göttlichen Geist wiedervereinigt ist, ist der Mikrokosmos, der gefallene Gottessohn, gerettet und heimgekehrt. Der Mensch, der die Heimkehr ermöglichte, hat seine sterbliche, ungöttliche Seele in diesem Prozeß geopfert. Er geht in der neuen Seele auf und legt beim Sterben den stofflichen Körper ab wie ein totes Blatt.

Der Mensch wurde geschaffen, um diesen Weg zu gehen. Doch immer und gerade in unserer Zeit – glaubt er, um seiner selbst willen geboren zu sein. Er meint, die Selbstverwirklichung im Sinne von Ich-Verwirklichung suchen und ein Paradies auf Erden entsprechend dem eigenen Verständnis schaffen zu müssen. Aber unweigerlich wird er durch die Gesetzmäßigkeit der dialektischen Naturordnung zum Scheitern seiner Hoffnungen, zum Bankrott seiner Ideale geführt. Diese irdische Welt läßt die Verwirklichung absoluter Werte nicht zu. Für den Menschen, in dem diese Einsicht aufsteigt, ist die Geistesschule der Ort, wo ihm die wahren Zusammenhänge und Hintergründe des Lebens erklärt werden.

14

Was ist ein Tempeldienst?

Die Schüler der Geistesschule des Rosenkreuzes treffen sich regelmäßig zu sogenannten Tempeldiensten. Tempeldienste sind das Instrument, durch das das Kraftfeld der Geistesschule immer von neuem belebt wird – und wirkt. Wenn der Schüler an einem Tempeldienst teilnimmt, baut er am Kraftfeld der Geistesschule mit und verstärkt gleichzeitig die Wirkung dieses Kraftfeldes.

Der äußere Tempel als Symbol
Warum wird von »Tempeldienst« gesprochen? Weil sich der Schüler dabei in einem Tempel aus Stein aufhält? Und worin besteht dann der Dienst? Der äußere Tempel ist nur das Symbol für den inneren Tempel, der in jedem Schüler, in der Schülergruppe als ganzer und einst in der ganzen Menschheit entstehen muß. Deshalb hängt in den geweihten Tempelräumen das Kreuz mit der entfalteten Rose, um den Zustand jedes Suchers und Schülers am Ende des Weges anzudeuten. Deshalb hängt in den Tempeln der großen Konferenzorte der Merkurstab mit den beiden Schlangen, der sowohl den Weg des Suchers und Schülers, als auch den der ganzen Menschheit versinnbildlicht. Deshalb der Brunnen in der Mitte des Tempels, der auf das sprudelnde Wasser der neuen Seele, der siebenarmige Leuchter, der auf das neue, im Siebengeist entflammte Bewußtsein, und die aufgeschlagene Bibel, die auf das in jedem Menschen zu verwirklichende göttliche Wort hinweist.

Ein dreifacher Dienst
»Tempeldienst« heißt also, daß alle Teilnehmer dem neuen Menschen im Tempel des Geistes dienen, der in ihnen errichtet werden muß. Sie dienen dem Tempel des Geistes in dreierlei Hinsicht. Es ist erstens der veränderte einzelne Mikrokosmos, in dem der Andere, der Geistmensch, wirksam werden kann. Es ist zweitens die Gemeinschaft, der lebende Körper der Geistesschule, in dem der Geist wirksam wird. Und es ist drittens, auf lange Sicht, der große Organismus der Menschheit, in dem der Christus leben wird. Alle drei Aspekte sind unauflöslich miteinander verbunden.

Jeder einzelne Schüler ist eine lebende Zelle im lebenden Körper der Schule. Dient er während eines Tempeldienstes dem Tempel des eigenen Mikrokosmos, so dient er gleichzeitig dem Tempel des lebenden Körpers und dem Tempel des Organismus Menschheit. Denn alles, was in einer Zelle geschieht, teilt sich dem ganzen Organismus mit. Verändert sich eine Zelle, verändern sich der lebende Körper der Geistesschule und ein Teil des Organismus der Menschheit. Verändert sich der lebende Körper, verändern sich die einzelnen Zellen. Einer für alle, alle für einen. Wirkt eine Zelle mit gnostischen Kräften, so wird diese Wirkung vom ganzen lebenden Körper aufgenommen und weitergegeben.

Dienst nicht für das Ich
»Tempeldienst« bedeutet also nicht, daß der Schüler im äußeren Tempel mit seinem Ichverstand neuen Wissensstoff aufnimmt, um ihn dann mit seinem Willen weiterzugeben. »Tempeldienst« bedeutet nicht, daß der Schüler mit seinem Ichgefühl schöne Erlebnisse der Hingabe und Freude empfängt, um sie mit seinem Willen an andere weiterzugeben. Das wäre kein Dienst am Tempel des lebenden Körpers und der Menschheit, sondern ein Dienst für das Ich.

Was bedeutet also »Tempeldienst« wirklich? Das Herz frei vom Ichgefühl zu halten, still zu werden und die Kräfte der Gnosis im Herzen aufzunehmen. Den Kopf von allen ichbezogenen Vorstellungen und Überzeugungen freizuhalten und die Universelle Lehre ins Denken einzulassen. Dann wird die Universelle Lehre mit ihrer Kraft in Herz und Haupt Wohnung nehmen und den Schüler zu einem Tempel machen. Dann dient der Schüler diesem innereigenen Tempel.

Und dann werden Lehre und Kraft auch ohne Zutun des Schülers von ihm ausstrahlen und im lebenden Körper wirken. Sie werden den Tempel der Gruppe aufbauen und im Tempel der Gruppe arbeiten. Sie werden auf lange Sicht auch den Tempel der Menschheit aufbauen und darin arbeiten. Denn in den Christuskräften sind alle Menschen miteinander verbunden.

Neue Funktion von Verstand, Gefühl und Willen
Sollen dann Verstand, Gefühl und Willen im Tempeldienst ganz schweigen? Nein, im Gegenteil. Aber schweigen soll die *Ichzentralität* von Verstand, Gefühl und Willen: Die Tendenz des Verstandes, sich in seinen bisherigen Überzeugungen zu behaupten, die Tendenz des Gefühls, sich in angenehmen Erlebnissen zu sonnen, und die Tendenz des Willens, auf die ihm passende Weise die Welt zu verändern. Wenn sich Herz und Haupt für die Gnosis öffnen und der Wille neutral wird, wenn alle Ichtendenzen schweigen, werden Verstand, Gefühl und Wille zu Gefäßen für neue Einsichten, Kräfte und Lebensenergien werden. Sie lassen dann die Gnosis ihre Arbeit für den Tempel des Mikrokosmos, den Tempel des lebenden Körpers und den Tempel der Menschheit auf gnostische Weise verrichten, und sie nehmen bewußt als Diener daran teil. Dann ist der Schüler im Tempeldienst Diener der Lehre und Kraft der Gnosis, die in ihm wirkt

und durch ihn für andere wirkt. Er ist dann wie eine Relaisstation. Durch ihn wird die Universelle Lehre als Kraft im lebenden Körper verteilt, und über den lebenden Körper in der Menschheit. Durch ihn wirkt die Gnosis dann so, wie es die Gnosis will, nicht wie er es will.

Ein einziger Mensch – Jesus, Buddha und andere – kann ungeheure Wirkungen ausüben, wenn er ganz zum bewußten Werkzeug der Gnosis geworden ist. Vergleichbar einem solchen weithin wirkenden Menschen ist der lebende Körper der Geistesschule des Rosenkreuzes. Durch ihn strömen die Universelle Lehre und Kraft der Gnosis in die Menschheit ein. Durch ihn erfährt die Menschheit, direkt oder indirekt, von der Tatsache einer göttlichen Welt, von der Tatsache der gefallenen Dialektik, vom Menschen als Mikrokosmos, vom Geistfunken im Mikrokosmos, vom Weg des Geistfunkens aus der Gefangenschaft in der Materie bis zur Freiheit im Reich des Geistes. Von ihm erfährt die Menschheit von den vielen absichtlichen und unabsichtlichen Entstellungen der Gnosis, die in der Geschichte aufgetreten sind. Und die Sucher können sich vorsehen. Sie können wählen. Sie können den Weg finden.

Jeder in der Gnosis lebende Schüler wirkt im lebenden Körper der Geistesschule mit, der ein Instrument der Wahrheit ist. Sie kommt in diese Welt, »zu suchen und selig zu machen, was verloren ist«.

Das ist Tempeldienst, Dienst am Tempel für den Anderen, für den Christus im eigenen Mikrokosmos, Dienst am Tempel für den Christus im lebenden Körper der Geistesschule und Dienst für den Christus im Menschheitstempel.

15

Rosenkreuzer in Staat und Gesellschaft

Der Schüler des Rosenkreuzes ist mit zwei Welten verbunden, die beide in ihm wirksam sind. Die Welt des göttlichen Ursprungs ist in ihm wieder lebendig geworden. Dadurch strömen geistige Kräfte in ihn ein, mit deren Hilfe er sich seelisch erneuern kann. Andererseits lebt er in seiner Familie, seinem Beruf, seiner gesamten sozialen Umgebung. Er erfährt die unausweichlichen Konflikte, die das Zusammenleben mit sich bringt. Er erlebt an sich selbst und an anderen den Drang nach Eigenständigkeit, den Kampf um die Verwirklichung der eigenen Vorstellungen, um die Durchsetzung des eigenen Willens. Das Bedürfnis nach Lebensgefühl, nach Lebensqualität, der oft zwanghafte Trieb, sich auszuleben in Machtausübung, Geltungsdrang, Gütestreben, Genußsucht..., all das tritt ihm gegenüber, an sich selbst und an anderen.

Viele der heutigen Menschen stehen in der Blüte ihrer Ich-Entfaltung. Demgegenüber ist der Schüler eher verunsichert, steht in der Krise seines Ichs, oder lebt dieser Krise entgegen. Er hat innere Erfahrungen gemacht, durch die er weiß, daß es das universelle Geistige, die Einheit in Gott, das Aufgehen im Allbewußtsein gibt. Oft sind es auch nur Ahnungen, die ihn auf die höhere Bestehensebene hinweisen. Sie drängen ihn dazu, seinem Leben eine neue Richtung zu geben. Das Ich-Bewußtsein mit seiner notwendigen Selbstbehauptung erscheint ihm immer mehr als eine Einkapselung und ein Gefängnis.

Bange Fragen

Doch damit erheben sich schwerwiegende Fragen: »Alle anderen stehen im Lebenskampf, folgen dem Gesetz ihrer Selbstbehauptung. Wie soll ich bestehen können, wenn ich den neuen seelischen Impulsen folge? Wie soll ich meinen Beruf ausüben, meine Familie ernähren? Wie soll ich inmitten dieser Realität nach den Prinzipien einer höheren Welt leben?«

Das Ich kann kleinmütig werden, es kann zweifeln, ja verzweifeln an seinen Möglichkeiten, den Weg zu gehen. Es kann sich sagen: »Ich sehe ein, daß es der richtige Weg ist, doch die äußeren Umstände erlauben es mir nicht, ihn zu gehen.« Eine solche Reaktion ist verständlich, denn unser jetziges Ich ist das Ergebnis vieler Kämpfe, das Resultat jahrhundertelanger Bemühungen um Freiheit und Selbstbestimmung. Es ist die Krone der bisherigen Entwicklung; mit seinem heutigen Bewußtseinszustand hat es der Mensch »zu etwas gebracht«, er lebt auf sich selbst bezogen, sieht sich als den Mittelpunkt und will sich und das Seine festigen, verschönern, vergrößern.

Wer jedoch durch eine Berührung mit der höheren Welt innerlich erschüttert wird, gelangt mit sich selbst in Widerstreit. Hat er bislang nach dem Gesetz der Selbstbehauptung gelebt, so tritt ihm nun ein anderes Gesetz gegenüber: das der Hingabe an das Gottesreich. In diesem Widerstreit kann nur das reif gewordene Ich den richtigen Weg finden. Wer sich wahrhaft zu der höheren Lebensordnung gerufen fühlt, empfängt – nach anfänglichen Unsicherheiten – den Mut, sich den Kräften des Gottesreiches stets mehr zu öffnen und sich ihnen anzuvertrauen. Er macht die wie ein Wunder erscheinende Erfahrung, daß die neuen Seelenkräfte, sobald er sich von ihnen leiten läßt, ihm durch alle Konflikte und Schwierigkeiten hin den Weg weisen. Die soziale Umgebung, in der er lebt und die ihm vielleicht als schwerwiegendes Hindernis für seinen Weg erscheint, eröffnet ihm plötzlich Durchlässe. Jede nur geringfügige innere Veränderung zeigt ihre Auswirkungen. Je eindeutiger ein Entschluß ist, je klarer der Schüler sich auf eine neue innere Basis stellt, umso leichter ebnet sich ihm der Weg.

Die notwendige Ausgangsbasis
Die Lebensumstände, in denen der Schüler lebt, sind die notwendige Ausgangsbasis. Die Art, in der sich die äußeren Umstände wandeln, weist auf die innere Entwicklung hin. Wir mögen den eigenen Charakter, die Beziehungen zu Partnern, Verwandten, Freunden, Berufskollegen als einseitig und problembeladen erkennen. Doch hat dies alles seinen Sinn. Es hält uns den Spiegel vors Gesicht und sagt etwas über unseren Zustand aus. Die Konstellationen in uns und um uns herum haben sich als die Ergebnisse vieler Inkarnationen gebildet. Sie haben ihre Entsprechung in der Aura unseres Mikrokosmos. Unsere Ausgangsbasis mag noch so verworren erscheinen. Sie ist doch der bestmögliche Zustand, der in einem Mikrokosmos angesichts all des früheren Lebensverhaltens hergestellt werden konnte. Niemand vermag im Einzelfall genau zu durchschauen, warum ein Mikrokosmos gerade in dieser Familie inkarnierte, warum ein Mensch gerade diese Verwandten hat, diese soziale Umgebung, diese Charaktereigenschaften und körperlichen Probleme. Nach der Wirksamkeit der göttlichen Liebe und nach der hohen Berufung des Menschen war gerade diese Ausgangsbasis notwendig, um entscheidende Erfahrungen zu machen und die Gelegenheit herbeizuführen, frühere Schuld und Verstrickungen aufzulösen.

Daher kann der Schüler seine Lebensumstände annehmen.

Sie sind notwendiger Bestandteil seines Weges. Er bekennt sich zu seiner Familie, seinem Beruf und seinen sozialen Verpflichtungen. Es ist die erneut belebte Vergangenheit, die letztendlich auf ihre Erlösung harrt. In dem Maße, in dem der Schüler lernt, sich selbst anzunehmen, lernt er auch, die anderen so anzunehmen, wie sie sind. In ihnen prägen sich ebenfalls die Kräfte der Vergangenheit aus. Auch sie können nur auf der Basis ihres derzeitigen Zustandes die notwendigen Erfahrungen machen und wenn es gut geht – alte Schuld auslöschen. Geduld und Toleranz entstehen als unausweichliche Begleiter auf dem Weg des Rosenkreuzes.

Die Lebensbühne
Auch der Staat, das übergeordnete soziale Gefüge, ist eine Konsequenz der Vergangenheit. Jeder ist in ein Volk eingebettet und ist mit einer kollektiven Entwicklung verbunden. Er hat das Erbe der Vergangenheit gemeinsam mit anderen zu tragen. Die Kämpfe der Geschichte, die Verfehlungen und positiven Anstrengungen, Mut und Feigheit, all das, was innerhalb eines Volkes stattgefunden hat, hat dem einzelnen seinen Stempel aufgedrückt. Die Mechanismen der Integration führen alles zusammen, was innerhalb eines Volkes geschieht und strahlen es über alle aus. Es sind astrale Bewegtheiten, die die Zusammengehörigkeit immer wieder neu beleben. Sie geben jedem eine Prägung, werden zu einem Teil seiner Eigenart.

Unsere heutige Zeit befindet sich in einem abwärts gerichteten Strudel. Das traditionelle Kulturniveau mit seinem Wertgefüge löst sich immer schneller auf. An die Stelle tritt, auch bei den Führungspersönlichkeiten und Repräsentanten eines Volkes, reine Egozentrik. Der Staat gerät damit in eine tiefe Krise. Er degeneriert zum bloßen Mechanismus, der Interessenkämpfe auszugleichen sucht und der zugleich von Interessengruppen beherrscht wird.

Gesetze müssen sein

Den Gesetzen verbleibt die wichtige Aufgabe, auszugleichen, zu korrigieren und krasseste Ungerechtigkeiten zu verhindern. Das Gesetz bewahrt den Menschen vor noch tieferem Versinken, vor gegenseitiger Entmenschlichung. Die Lebensbühne, die staatliche Ordnung, in der wir leben, wird mit Hilfe der Gesetze instandgehalten. Nur auf der Basis einer solchen Ordnung können die Erfahrungen gemacht werden, die den Menschen zur Reife führen. Nur in einem einigermaßen geordneten Gefüge kann der Entschluß, dem göttlichen Ursprung im eigenen Wesen Raum zu geben, verwirklicht werden. Deshalb bejahen die Schüler des Rosenkreuzes den Staat bei seinen Bemühungen, ein gewisses Gleichgewicht zwischen Individuen und Gruppen herbeizuführen und aufrechtzuerhalten.

Als Urform der gesetzlichen Ordnung können die zehn Gebote angesehen werden. Jesus sagte in bezug auf sie, er sei nicht gekommen, das Gesetz aufzuheben, sondern es zu erfüllen. Bei dem Begriff »erfüllen« dürfen wir nicht an eine bloße Gesetzesbefolgung denken. Der Schüler einer Geistesschule bemüht sich darum, dem inneren göttlichen Gesetz zu folgen und erfüllt dadurch das äußere Gesetz umso leichter. Die äußeren Gesetze sind Verhaltensrichtlinien, die nicht aus uns selbst stammen. Oft sind es Schranken für den eigenen Expansionsdrang, manchmal wirken sie als ein Joch, das getragen werden muß. Wer indes sein Ich der Wirksamkeit der neuen Seelenkraft unterstellt, hat einen inneren Gesetzgeber, und als Konsequenz hiervon empfindet er das äußere Gesetz immer weniger als Schranke oder Belastung. Die neu erworbene Seelenkraft verbindet ihn mit dem Urquell, der in allen Menschen ist. Sie ist eine Kraft der Liebe, die das Abgewichene mitträgt und die die Naturtriebe im eigenen Wesen bezähmt.

Der »andere« Staat
So steht der Schüler mitten im gesellschaftlichen Leben und erfüllt dort seine Pflichten. Daneben wirkt er aber an der Errichtung und Instandhaltung eines anderen »Staates«, eines anderen Reiches, mit. Er wächst mit denen, die ebenfalls das Ziel der Transfiguration anstreben, zu einer Seelengemeinschaft zusammen. Wie in der äußeren Gesellschaft, so wirken auch in der Geistesschule astrale Integrationsmechanismen. Die gemeinsame Zielrichtung ist die Basis der Verbundenheit. Die Substanz des neuen seelischen Reiches, sein »Gebiet«, besteht aus den ätherischen und astralen Kräften, die die Gruppe als ein Feld um sich herum verbreitet. Seine Struktur empfängt das Feld aus dem Seinszustand der Schüler. Das neue Lebensgebiet steht in unmittelbarer Beziehung zur göttlichen Welt, ist für sie geöffnet, bewegt sich dorthin und empfängt von dort seine Kraft als eine tägliche Speise.

Jeder, der dieses Lebensfeld mit ganzem Herzen bewohnt, wird von ihm erfüllt und erfährt dadurch einen Vorgeschmack der vollkommenen Freiheit. Er empfindet, daß dies »sein« Reich ist und er auf dem Weg ist, wiederum »Mensch« zu werden, Bürger von *Christianopolis*, dem Staat mit dem Grundgesetz von Einheit, Freiheit und Liebe.

Der Schüler lebt also in zwei Reichen, dem Reich des aufgehenden ewigen Seelenlichtes und demjenigen des beständigen Wechsels von Licht und Dunkelheit. Er trägt zwei Gewänder, das »Gewand« aus Fleisch und Blut, in dem die Naturkräfte wirken, und das sich entfaltende ätherische und astrale Lichtgewand. Damit trägt er eine Wunde in sich, die Wunde des Zusammenstoßes zweier Welten.

Dieser zweifache Zustand kann auf die Dauer nicht aufrechterhalten werden. Er muß sich auflösen zugunsten einer vollkommenen Heilung, einer Heiligung. Deshalb strebt der Schüler dem Geist entgegen, um seine Gebote innerlich zu erfahren und zu befolgen. Als Folge dieses Bemühens vermag er auch das äußere Gesetz leicht erfüllen, vermag er »dem Kaiser zu geben, was des Kaisers ist«. Denn er macht die Erfahrung, daß sich die Pforte zum Absoluten, die Pforte zur vollkommenen Erneuerung nur öffnet, wenn ihn das äußere Leben freigibt. Er muß also alte Schulden abtragen und alle bisherige Zwietracht und Feindschaft jedenfalls im eigenen Inneren auflösen. »Vergeben und Vergessen« lautet die Devise gegenüber allen Schuldnern.

Wenn sich eine Gruppe von Menschen so auf den Weg zu ihrem göttlichen Ursprung macht, strömt ein Segen über die Menschheit. Diejenigen, die sich in den Wassern des Lebens baden, bewirken durch ihr Leben, daß die reinen Wasser zu allen fließen, die danach dürsten. Das Streben, das aus der Welt herausführt, wirft einen Lichtglanz auf die Welt. Die Hinwendung zur »ersten Liebe« öffnet die Quellen der Nächstenliebe.

16

Jan van Rijckenborgh – ein moderner Rosenkreuzer und hermetischer Gnostiker

Jan van Rijckenborgh wurde 1896 im niederländischen Haarlem in einer streng reformierten Familie geboren. Er starb 1968 in Santpoort, einer Ortschaft in der Nähe von Haarlem. Schon als junger Mann bekundete er starkes Interesse an Fragen der Religion und vor allem an ihrer Anwendung im Alltag, also in der Praxis. Die Scheinheiligkeit und Unwahrhaftigkeit vieler Kirchenchristen seiner Umgebung, die sonntags Frömmigkeit zur Schau trugen, um alltags skrupellos ihren Nächsten zu betrügen und zu verleumden, aber auch die große innere Leere, die er bei vielen Theologen seiner Zeit wahrnahm, führten dazu, daß er sich der Kirche entfremdete.

Die »realistische Theologie« des Professor de Hartog
Einen erkennbaren Einfluß auf van Rijckenborgh hatte nur ein einziger Theologe, nämlich Prof. Dr. A.H. de Hartog (1869-1938), der Anfang dieses Jahrhunderts in kirchlichen Kreisen der Niederlande ein Begriff war und in seinem Denken weit über die Grenzen der Orthodoxie hinausging. De Hartog propagierte schon in jener Zeit eine *realistische Theologie*. Er wollte der Realität, der Wirklichkeit ins Auge sehen und trat für einen vernunftgemäßen Glauben und Gottesdienst ein, wobei er sich unter anderem auf Römer 12, 1 berief: Das neue Leben ist die wahre Opfergabe. De Hartog war ein feuriger Redner, der es verstand, zum Herzen der

Menschen zu sprechen. Wo immer er in den Niederlanden predigte, strömte man in die Kirchen. Auch der junge van Rijckenborgh war unter seinen Zuhörern. De Hartog, der häufig mit den führenden Köpfen der Arbeiterpartei jener Tage den Dialog aufnahm, war bekannt als liberaler Prediger mit umfassendem Denken. Er gehörte zu den Gründern der Internationalen Schule für Philosophie, eines Instituts, das sich mit vergleichender Religions- und Kulturwissenschaft befaßte.

Den jungen van Rijckenborgh sprach all dies sehr an. Er war ein Mensch, der intensiv nach den geistigen Tiefen des menschlichen Daseins suchte. De Hartog war seinerseits beeinflußt von Eduard von Hartmann (1842-1906), dessen *Philosophie des Unbewußten* er die Erkenntnis verdankte, daß eine Wirklichkeit außerhalb des Menschen existiert, die für den Menschen als Realität erkennbar ist. Aber die menschliche Vorstellung von dieser Wirklichkeit pflegt sich nicht mit ihr zu decken. De Hartog ging also davon aus, daß hinter dem mit den Sinnen Wahrnehmbaren ein »Urgrund« liegt: hinter allem Seienden, auch allem, was im menschlichen Geist besteht, liegt eine Urkraft.[1]

Dieser Gedanke greift über Schelling (*Über das Wesen der menschlichen Freiheit,* 1809) zurück auf den »Ungrund« Jacob Böhmes, für den de Hartog großes Interesse zeigte, wie seine Ausgabe einer Böhme-Sammlung[2] belegt. So lernte van Rijckenborgh durch de Hartog die beiden Naturordnungen Böhmes kennen; später sollte er selbst eine niederländische Übersetzung der *Aurora* von Böhme besorgen und herausgeben.[3] In der Einleitung zu dieser Ausgabe schreibt er: »In den *Stunden mit Böhme* des verstorbenen Prof. de Hartog wird Böhme als Philosoph von Gottes Gnaden dargestellt. Doch ängstlich macht der Verfasser einen Bogen um die tiefgründigsten Gedanken Böhmes, seine Esoterik. So geschieht es öfter. Und dennoch sind wir dankbar, daß hier, wenn auch entstellt, Böhmes Name, Böhme als Philosoph par excellence, gewürdigt wird. Was ist der Grund für diese Liebe des Autors zu Böhme, kann man fragen. Wir meinen, es ist die magische Kraft von Böhmes unwandelbarem Glauben, der von einem so unermeßlichen Wissen und einer so wunderbaren Sicherheit zeugt, daß er Unzählige zu ergreifen vermochte.

Wir wissen und bezeugen, daß sich hier die Glaubenskraft bemerkbar macht, die dem unvergänglichen Quell des esoterischen Christentums entspringt. Darum stellen wir hier eine Übersetzung von Böhmes Meisterwerk *Aurora oder die Morgenröte* im Aufgang vor, in der Überzeugung, daß sie erneut Interesse erregen wird. Diesmal jedoch wird dieses Interesse bei Böhmes Geistes- und Seelenverwandten anknüpfen, die seine Weisheit, in ein modernes Gewand gehüllt, dann von neuem der Welt anbieten werden – unentgeltlich.«

»Die Welt ist ein Haus der Finsternis geworden«
Bei Böhme findet van Rijckenborgh die Lehre von den zwei Naturordnungen bekräftigt, wie sie in der *Aurora* beschrieben ist. Das beweist folgendes Zitat: »Das ganze Haus dieser Welt, das im sichtbaren und begreifbaren Wesen steht, das ist das alte Haus Gottes oder der alte Leib, welcher vor der Zeit des Zornes ist in himmlischer Klarheit gestanden. Als aber der Teufel hat darinnen den Zorn erweckt, so ist es ein Haus der Finsternis und des Todes worden. Darum hat sich dann auch die heilige Geburt Gottes als ein abgesonderter Leib vom Zorn geschieden und die Feste des Himmels zwischen Liebe und Zorn gemacht, so daß also die Sterngeburt in der Mitte steht. Mit ihrer äußerlichen Begreifbarkeit und Sichtbarkeit steht sie im Zorn des Todes, und mit der darin aufge-

henden neuen Geburt, die sich in der Mitte befindet, wo der Himmel abgeschlossen ist, steht sie in der Sanftmut des Lebens. Die Sanftmut wogt gegen den Zorn, und der Zorn gegen die Sanftmut, und so bilden sie zwei verschiedene Reiche im selben Leib dieser Welt... Der Himmel wurde abgeschlossen, damit das neue Leben alle Kräfte und Wirkung haben sollte, wie das alte es einst vor der Zeit des Zorns besessen hatte, und damit es mit der reinen Gottheit außerhalb dieser Welt von gleicher Qualität sein sollte und mit der Gottheit außerhalb dieser Welt ein heiliger Gott sein sollte.«

Ein gnostischer Gedanke, der Jahrhunderte überspannt
Jacob Böhme ist hier der reine Gnostiker, weshalb er denn auch sein Leben lang verfolgt wurde. Van Rijckenborgh erkennt bei ihm den universellen gnostischen Gedanken, der Jahrhunderte überspannt. Er hat ihn auch sonst in zahlreichen Bruchstücken wiedergefunden, die von den alten Texten übriggeblieben sind. In de Hartogs Schriften und Predigten zeigt sich, daß er fest von der Notwendigkeit einer geistigen Wiedergeburt überzeugt war. Erst der wiedergeborene Mensch, so de Hartog, sieht die Wirklichkeit im richtigen Licht. Ein anderer Angelpunkt seiner Theologie ist der Offenbarungsbegriff. Das göttliche Wort, der Logos, ist nach de Hartog in drei Formen wirksam: als schöpferisches Wort, als in Christus Mensch gewordenes Wort und als Schrift gewordenes Wort in der Bibel. De Hartog fühlte sich der mittelalterlichen Gruppe der »Gottesfreunde«[*] verbunden, die sich nicht an kirchlichen Grenzen stießen. Offenbarung, das Eindringen der Ewigkeit in die Zeit, das fleischgewordene Wort, Logos, weist auf die Notwendigkeit der Wiedergeburt hin. Oder in der aphoristischen Formulierung Jacob Böhmes:

[*] Gottesfreunde waren u.a. Johannes Ruusbroec, Johannes Tauler, Heinrich Suso, Rullmann Merswin, Vom Oberland und Eckhart. Der geheimnisvolle Vom Oberland und seine Nachfolger gelten bei manchen als die Vorläufer der Rosenkreuzer.

*Wem Zeit wie Ewigkeit
und Ewigkeit wie Zeit,
der ist befreit von allem Streit.*

Und:

*Wer nicht stirbt, ehe er stirbt,
der verdirbt, wenn er stirbt.*

Diese und viele andere Einsichten de Hartogs sprachen van Rijckenborgh stark an, ebenso das von de Hartog oft zitierte Wort des Angelus Silesius (eigtl. Johann Scheffler, 1624-1677) *Und wäre Christus tausendmal in Bethlehem geboren und nicht in dir, so wärst du doch verloren.*

Ein Grundgedanke von Silesius als Basis der Rosenkreuzer-Philosophie
Dieser Grundgedanke, von Silesius so poetisch ausgedrückt wurde später in der Philosophie des Rosenkreuzes von van Rijckenborgh in unzähligen Ansprachen und Büchern immer wieder zitiert. Seine Abhandlungen über diese Texte brachten J van Rijckenborgh dazu, über ihre Autoren nachzudenken und sich auf die Suche nach ihren Quellen zu begeben. Als de Hartog in der Folgezeit von seinen Amtsbrüdern zunehmend kritisiert und gar der Häresie bezichtigt wurde, erblickte der junge van Rijckenborgh darin die Bestätigung, daß er die Wahrheit anderswo suchen mußte. Es war für ihn unter anderem das Zeichen dafür, daß die Kirche wahren Christen keine Heimat bieten kann. Er nahm sich einen bekannten Ausspruch de Hartogs sehr zu Herzen. Es ist ein Ausspruch, den er selbst später noch viele Male zitieren sollte: »Die wesentliche Wahrheit wird uns nicht auf dem Präsentierteller, in Form von Artikeln oder nach dem Buchstaben gegeben, sondern sie muß durch das menschliche Bewußtsein erobert und angeeignet werden.«

Dennoch sollte sein Denken stets christozentrisch bleiben, jedoch aus der Perspektive der Gnosis, des Rosenkreuzes, des Hermetismus, des universalistischen Geistes, der frei von Dogma, theologischer Verstrickung und Orthodoxie ist. So schreibt er in einem Artikel unter dem Titel *Das Mysterium der Seele:* »Wenn die Bibel das wichtigste religiöse Unterpfand des Menschen ist, so scheitert er doch unweigerlich immer an den Hindernissen, die der Text aufwirft. Zum Beweis dafür mache ich auf die unabsehbare Menge der Konfessionen, Gruppen und Sekten aufmerksam. All diese Gliederungen hüllen sich in buchstäbliche, symbolische oder esoterische Bibelexegesen spontaner oder mehr oder weniger wissenschaftlicher Art. Der sich 'christlich' nennende Teil der Menschheit gelangt niemals zur Einheit, niemals zur Erhebung, niemals zur Befreiung, wenn er nicht ein für allemal und vollständig den Weg verläßt, den er jahrhundertelang gegangen ist. Die heiligen Schriften werden ganz falsch benutzt. Die heiligen Schriften sind erst dann ein Zeugnis Gottes und ihre Sprache kann erst dann verstanden werden, wenn wir auf eine völlig andere Weise an sie herantreten. Zwischen den in der Bibel enthaltenen Mysterien Gottes und des Lebens, und uns Menschen klafft eine breite Kluft. Darum: Der Weg des Lebens ist ein innerer Weg. Nur der Prozeß, der Pfad der Heiligung, der Lebensheiligung kann uns befreien. Und die Signatur dieses Weges kann niemals ein Mund voller Worte oder ein Regal voller Bücher sein. Der Mensch, der den Pfad der Heiligung beschreitet, beweist es durch Licht, durch Licht aus seinem Innern. Und das Licht aus dem Innern ist als solches die Brücke über die breite Kluft zwischen den Mysterien Gottes und des Lebens und uns. Brauchen wir also die Bibel nicht? Ist sie eigentlich überflüssig? Das Rosenkreuz setzt sich für eine Entwicklung der Dinge ein, in der die Menschheit lernen wird, auf eine völlig neue Weise an die Bibel heranzugehen.«[4]

Wir haben dieses lange Zitat aus einer der frühesten Schriften van Rijckenborghs hier angeführt, weil es deutlich zeigt, daß er die Linie de Hartogs fortsetzt: Religiöses Erleben vollzieht sich in der tätigen Lebenspraxis, die Offenbarung muß im eigenen Innern freiwerden. Ehe er aus der Kirche austrat, war van Rijckenborgh sehr aktiv im »Christlichen Verein Junger Männer«, in dem er schon damals ein eigenes Bibelverständnis bekundete – ein Bibelverständnis, das der eigenen inneren Offenbarung entsprang. Er suchte vor allem nach der Entschleierung des »Wortes«, nach seiner tiefen Bedeutung, die ihm die Theologen nicht enthüllten. Seine Suche brachte ihn etwa im Alter von 28 Jahren in Kontakt mit der »Rosicrucian Fellowship« Max Heindels, wobei ihn vor allem deren esoterische Bibelerklärungen und Gottesdienste stark ansprachen. In Heindels *Weltanschauung der Rosenkreuzer* (1909)[5] erkannte er viel von dem wieder, was sich ihm selbst bereits innerlich offenbart hatte und wonach er suchte: die Wirklichkeit der Dinge hinter den wahrnehmbaren Erscheinungen und das hinter dem gesamten Leben und der Offenbarung drängende Ziel. Von den Texten, die er nun kennenlernt, fühlt sich van Rijckenborgh stark angezogen, etwa von den Manifesten der Rosenkreuzer, den Schriften des Paracelsus, Comenius, van Helmont, Böhme und Fludd, um nur einige zu nennen. Nach einigen Jahren aber bricht er mit der amerikanischen Rosenkreuzerbewegung Heindels, da diese Richtung sich seiner Meinung nach zu sehr dem Okkulten zuwendet und das christliche Gepräge der Rosenkreuzer verliert.

Der evangelische Prozeß muß im Menschen stattfinden
Er gründet die Schule des Goldenen Rosenkreuzes und konzentriert sich auf die Manifeste der klassischen Bruderschaft, über die er Vorträge hält. Gleichzeitig hält er nun auch Vorträge über die esoterische Bedeutung der christlichen Evangelien. Er legt dabei den Schwerpunkt auf den evangelischen Prozeß, der im Menschen stattfinden muß, und mißt dem historischen Aspekt nur untergeordnete Bedeutung bei. In der Einleitung zu dem Buch *Die Frohe Botschaft von der Gabe Gottes. Esoterische Analyse des Matthäusevangeliums* schreibt er: »So wird man bei näherer Untersuchung finden, daß das Neue Testament in seiner Gesamtheit dem Schüler eine vollständige Philosophie vermittelt, mit deren Hilfe er Vergangenheit, Gegenwart und Zukunft von Welt und Menschheit sehen und ergründen lernen kann. Es ist die Arbeit für Mensch und Menschheit, geleitet von jenem wunderbaren, göttlichen Wesen, dem Christus ... Wir leben in einer Zeit, in der ein Teil der Menschheit bereit und fähig ist, die Bibel oder einen Teil von ihr als eine esoterische, gnostisch wissenschaftliche Schrift zu erkennen, mit deren Hilfe man lernen kann, Gottes Absichten zu verstehen.«[6]

Niemand, der sich darum kümmerte
Um sich selbst Zugang zu den Originalschriften zu verschaffen, fährt er nach London, wo er in der British Library Kopien der Werke Johann Valentin Andreäs sowie von einem ins Englische übersetzten Manuskript von Andreäs *Reipublicae christianopolitanae descriptio* anfertigt. In seinem Vorwort zur Auslegung dieser Schrift schreibt er: »Bei Nachforschungen in der weltberühmten Bibliothek des Britischen Museums in London entdeckten wir vor einigen Jahren das kaum bekannte Werk *Christianopolis* von Johann Valentin Andreä, dem Autor der *Fama Fraternitatis*. Dieses aus 1619 stammende Dokument, das womöglich schon ein paar hundert

Jahre in dieser Bücherei gelegen hatte, ohne daß sich jemand darum kümmerte, konnten wir in einer englischen Übersetzung mit in die Niederlande nehmen, mit dem starken inneren Gefühl, daß wir den Inhalt bekannt machen und mit Kommentaren versehen müßten.«[7]

Diese Kommentare wurden 1939 mit der niederländischen Übersetzung der *Christianopolis* herausgebracht und erschienen 1978 in der zweiten Auflage. Gleichzeitig mit der Herausgabe seiner Kommentare zur *Christianopolis* besorgte van Rijckenborgh die niederländische Übersetzung der *Fama*, der *Confessio* und der *Alchimischen Hochzeit des C.R.C.* in einem Band[8]. Daneben publizierte er in der Zeitschrift *Neue Religiöse Orientierung* in mehreren Folgen eine niederländische Übersetzung von *Die Geheimen Figuren der Rosenkreuzer.*[9]

Die dahinterstehende Absicht enthüllen
All dies zeigt, wie sehr van Rijckenborgh sich mit der Botschaft, die die klassische Rosenkreuzerbruderschaft in die Welt sandte, verbunden fühlte. Er sah daher nicht in erster Linie die historische Bedeutung der Schriften, sondern ihm ging es vor allem darum, das Anliegen, das hinter ihnen stand, und die in ihnen verborgene Bedeutung zu entschleiern.

Wiederum erfuhr er tief im Inneren die von ihnen ausgehende inspirierende Kraft. Seinen Kommentar zur *Fama*, den er eine »esoterische Analyse« nannte, ließ er unter dem Titel *Die Geheimnisse der Rosenkreuzerbruderschaft* erscheinen. In seiner Einleitung dazu schrieb er: »Die Zeit ist angebrochen, dieses verschleierte geistige Testament der Rosenkreuzerbruderschaft zu öffnen und die in ihm enthaltenen Werte ans Licht zu bringen. Jahrhundertelang wurde das Werk der Brüder vom Rosenkreuz mißverstanden, und zahlreiche von östlicher Magie beeinflußte Esoteriker haben großen Schaden angerichtet, indem sie das Licht des Rosenkreuzes mit fremden Lehren verdunkelten.«[10]

Hat C.R.C. wirklich als Person existiert?
Van Rijckenborgh rechtfertigt seinen Kommentar mit folgenden Worten: »Einige, die versucht haben, die Fama zu analysieren, stellten zuerst die Frage: 'Hat es den Menschen C.R.C. wirklich gegeben? Wer war er? Gibt es Zeitgenossen, die ihn gesehen haben? Gibt es Literatur aus seiner Zeit, die über ihn berichtet?' Wir lassen jedoch die historische Forschung sein wie sie ist und wollen nur von 'einem Menschen' sprechen. Wir wollen einmal annehmen, daß jetzt ein Mensch lebt, der C.R.C. heißt, daß wir ihn alle kennen, daß wir sein Ringen beobachten. Wir rufen also für Sie einen Menschen, eine Vorstellung auf und beseelen diese mystische Gestalt gemeinsam, bis sie für uns lebt. Wir nennen ihn Christian Rosenkreuz, der von guter deutscher Abstammung war. Das bedeutet, daß er ein Vollbluteuropäer, ein Abendländer war. Dieser Abendländer wünschte den Weg des Abendländers zu gehen, nämlich den Pfad, der von Christus gewiesen, von Christus vorgelebt wurde. Darum nennen wir ihn Christian. Dieser Abendländer will alle latenten Vermögen, die im Wesen eines jeden Menschen schlummern, die den Menschen zu einem Gottessohn stempeln, einem Kind Gottes, zu einem werdenden Gott also, entwickeln und strengt sich dafür entschlossen an. Ferner ist er bereit, den Weg der vollkommenen Selbstaufopferung zu gehen. Darum nennen wir unseren Helden auch Rosenkreuz. Da diese mythische Gestalt nun vollständig für uns lebt, da wir leidenschaftliche Bewunderer des von ihm begonnenen Heldenkampfes sind, sprechen wir mit bittendem Verlangen: 'Mein lieber Bruder, möge die weiße Christus-Rose an Deinem Kreuz leuchten.'«[11]

Aufruf zur allgemeinen Reformation des Menschen und im Menschen

In der Sprache der dreißiger Jahre versucht van Rijckenborgh hier also, dem Leser klarzumachen, daß die Manifeste unmittelbar auf den Menschen selbst bezogen werden müssen. Sie rufen zu einer allgemeinen Generalreformation *des Menschen und im Menschen* auf, denn nur dies kann und wird auch zu einer Veränderung der Gesellschaft führen.

Zum selben Buch sagt er: »Wir wollen uns auf die Wege richten, die in den alten Büchern gewiesen werden. Die *Confessio Fraternitatis* liefert uns das Programm – das Glaubensbekenntnis. In der *Fama Fraternitatis* geht der Neophyt dazu über, dieses Programm zur Ausführung zu bringen. In der *Alchemischen Hochzeit des C.R.C.* wird die vollständige Entwicklung auf dem Pfad der Einweihung dargestellt, nachdem das Ziel, der Ruf, die Fama in individueller Art ausgeführt wurde. Und schließlich ist da das Werk des Rosenkreuzes: *Christianopolis*, worin die Struktur einer neuen Gesellschaft beschrieben wird, die durch die Brüder gebaut werden muß.«[12]

Wir stellen also fest, daß für van Rijckenborgh die Manifeste der alten Bruderschaft viel tiefer greifen, als man bei oberflächlicher Betrachtung vermuten könnte. Er liest in ihnen, was ihn selbst bewegt. Die Botschaft, die die Bruderschaft seinerzeit in die Welt gesandt hatte, der Aufruf zu einer Generalreformation, zielt vor allem auch auf eine fundamentale Änderung im Menschen selbst ab.

In den Kriegsjahren 1940-1945, als seine Schule von der Besatzungsmacht geschlossen und ihm verboten wird, weiterzuarbeiten, vertieft sich van Rijckenborgh in das *Corpus Hermeticum*, die Schriften der Manichäer und der Gnostiker, in die Geschichte der Katharer. Verschiedene Lehren aus diesen Schriften findet er auch in der verschleierten, symbolischen Sprache der Rosenkreuzer-Manifeste wieder. Er gelangt ferner zu der Überzeugung, daß die Lehren des Hermes auf eine ganz eigene Art in den Büchern des Paracelsus wiederkehren, und stellt fest, daß Paracelsus von den Brüdern der Rosenkreuzer sehr geehrt wurde. Außerdem wird ihm klar, daß die Verfasser der Manifeste auch über das *Corpus Hermeticum* verfügt haben müssen, und daß in ihrer Bibliothek noch viel mehr gnostisch-esoterische Literatur gestanden haben muß. Der innere Weg, der Pfad der Mysterien, liegt in all diesen Schriften verborgen.

Dei Gloria Intacta unmittelbar nach dem Krieg erschienen
Gleich nach dem Zweiten Weltkrieg veröffentlicht er das Buch *Dei Gloria Intacta* mit dem Untertitel *Das christliche Einweihungsmysterium des heiligen Rosenkreuzes für das neue Zeitalter*.[13] Hier wird dieser innere Weg als ein siebenfältiger Pfad dargestellt. Es geht dabei nicht um die Einweihung durch einen anderen, einen sogenannten »Eingeweihten«, sondern um den Weg der Selbsteinweihung, einen praktischen Weg, der auf der Basis der Selbsterkenntnis zur vollständigen Lebenserneuerung führt. Wie schon die Gnostiker und Hermetiker sagten: »Wer sich selbst kennt, kennt das All.«

Dei Gloria Intacta mit einem Abschnitt aus der klassischen Fama im Vorwort, kann als große Vorbereitung auf zwei monumentale spätere Werke gesehen werden, nämlich die vier Bände mit Kommentaren und Erklärungen zum *Corpus Hermeticum* und das großartige zweibändige Werk mit detaillierten Erklärungen zum Einweihungsweg in der *Alchimischen Hochzeit des C.R.C.*, der dadurch dem Leser erschlossen wird.

Mit diesem Werk beweist van Rijckenborgh, daß er nach einem langen Vorbereitungsweg, auf dem er Schritt für

Schritt zu den Geheimnissen der Bruderschaft durchgedrungen ist, den Schlüssel empfangen hat.

Freiwerden von den Windeln der Zeit und des Mysteriums
Das Ringen des C.R.C., wie es van Rijckenborgh so vielfältig beschrieben hat, ist gleichzeitig sein eigenes Ringen um die Entschleierung dieses Wesens: sein Ringen, diesen Weg auch für andere aus den Windeln der Zeit freizulegen und die Mysterien, in die die alten Schriften gehüllt sind, aufzubrechen. Er hat jetzt den inneren Schlüssel zu den Weisheitsbüchern, in denen dieser Weg gewiesen wird. Diesen Schlüssel benutzt er denn auch für das Mysterienbuch *Die Alchimische Hochzeit* Er sagt darüber: »In der *Alchimischen Hochzeit* werden ausführlich, sehr sorgfältig und überdeutlich, alle Einweihungen des C.R.C. beschrieben, so deutlich, daß es besser nicht möglich ist. Alle Aufklärungen werden gegeben, ohne auch nur ein Detail zu vernachlässigen. Wer war, oder besser, wer ist Christian Rosenkreuz? Er ist der Prototyp des wahren, ursprünglichen Menschen. Der neue Mensch, der Mensch, der wahrlich Christ ist, der Christus in sich freigelegt hat, indem er den Weg des Kreuzes in der Kraft der Rose gegangen ist... Das Kreuz ist die Begegnung zwischen zwei Kraftlinien, die einander diametral gegenüberstehen. Es bedeutet die totale Veränderung, eine Umsetzung von Kräften, eine alchemische Umsetzung, eine Wiedergeburt. Die Rose im Menschen muß mit ihrem wahren Lebensfeld verbunden werden, mit dem Feld der Unsterblichkeit. Sie muß freigelegt werden durch den Kreuzgang der Transfiguration. Darum sprechen wir vom Rosenkreuz. Dieses Werk muß in der Kraft Christi geschehen, das heißt, in der elektromagnetischen Kraft des universellen Lebens.«[14]

Wenn der Lichtfunke entflammt, wird das innere Wissen geboren

Die Rose ist hier ein Symbol für den Lichtfunken, den göttlichen Funken der Gnostiker, den van Rijckenborgh auch auf moderne Weise als Geistfunkenatom oder als Geistnukleus, den göttlichen Lebenskern im Menschen bezeichnet.

Wenn dieser göttliche Kern im Menschen wirksam wird, wenn der Lichtfunke im Herzen aufflammt, dann wird das innere Wissen geboren, das Wissen des Herzens. Es offenbart sich aus dem göttlichen Uratom, das als Same des Geistes im Menschen potentiell verborgen ist. Wenn dieser Same keimt und zur Blüte kommt, entstehen dadurch die Früchte des All-Guten, die Früchte des Baumes des Lebens. Wenn der Same der Rose die Seele befruchtet, wird sie unsterblich werden und den Körper, die Persönlichkeit, transfigurieren. Die Kenntnis des All-Guten ist eine geistige Erkenntnis. Sie schenkt die Fähigkeit eines inneren Wissens um den Menschen selbst, um seine göttliche Bestimmung und um Gott, der in ihm ist.

Den Leser zur Selbsterkenntnis anspornen

Van Rijckenborgh hat nur ein einziges Anliegen, das sich wie ein goldener Faden durch all seine Werke zieht: Er will den interessierten Leser anspornen, zur Selbsterkenntnis zu gelangen, Kenntnis von seinem wahren Selbst zu erlangen, das in seinem Herzen verborgen ist wie eine Rosenknospe, ein Geistfunke. In ihm liegt die wahre Herkunft des Menschen als Mikrokosmos oder, wie die »Fama« es nennt, sein »Adel« verborgen. Die *Fama* deutet auf den ursprünglichen Menschen hin, der zu der sogenannten unbekannten Hälfte der Welt gehört, auf die wahre Gottesnatur.

Der Mensch muß dazu inspiriert werden, sich auf den Weg

zur Erlösung aus seinem tiermenschlichen Zustand zu begeben.

Der Weg, der zur Wiedergeburt der Seele, von der Jesus zu Nikodemus spricht, zur notwendigen Wiedergeburt aus Wasser und Geist führt, wird in den Werken van Rijckenborghs ausführlich behandelt. Wir sehen hier den gleichen Antrieb zum Handeln am Werk, der van Rijckenborgh in seiner Jugend zum Aufbruch mahnte. Es ist die Notwendigkeit der Wiedergeburt, von der de Hartog sprach. Aber jetzt ist diese Wiedergeburt bei van Rijckenborgh nicht mehr exoterisch verhüllt wie in der verworrenen Sprache theologischer Exegesen. Van Rijckenborgh spricht über das esoterische Erleben des evangelischen Weges vom Johannesmenschen zum Jesusmenschen. Es ist der Weg des Christian Rosenkreuz. Die Wiedergeburt, durch die aus dem »Tiermenschen der Geistmensch« wird«[15], von der er in jungen Jahren in den Predigten de Hartogs hörte, ist für van Rijckenborgh keine Philosophie, sondern reine Wirklichkeit und Notwendigkeit.

Der naturgeborene Mensch, aus Erde und irdisch, muß den Geistmenschen »anlegen«, der als eine göttliche Rose, als ein Funke des Geistes in ihm verborgen liegt. Geist, Seele und Körper müssen wieder vereint, zu einer wahren Einheit verschmolzen werden. Bythos, Nous und Aletheia der alten Gnostiker: die Tiefe des göttlichen Geistes, aus der die Wahrheit sich offenbart, sind in der Bibel die göttlichen Prinzipien Geist, Wasser und Blut, in der hermetischen Philosophie Geist, Seele und Körper, und bei den Rosenkreuzern sind Quecksilber, Schwefel und Salz daraus geworden.«[16] Das ist der Weg der Transfiguration, der in den sieben Tagen der *Alchimischen Hochzeit* verschleiert und symbolisch dargestellt ist. Es ist die siebenfache Wiedererschaffung des Menschen, die Wiedergeburt auf der Basis der Preisgabe des alten, ichbezogenen Lebens des naturgeborenen Menschen, der trotz allem ein gottmenschliches Wesen ist, weil er den Geistfunken in seinem Mikrokosmos trägt.

Die Gnosis transformiert den Menschen zu seinem wahren Selbst
Unwissenheit in Bezug auf diese Dinge ist die größte Tragödie des Menschen. Das Zerreißen des Kleides der Bosheit, der Unwissenheit in bezug auf den Menschen, der gerufen ist, zum Gottesgeschlecht zu transfigurieren, jedoch in seinem naturgeborenen Zustand stecken geblieben ist: Das ist der Grundgedanke, der dem gesamten Werk van Rijckenborghs zugrunde liegt. Das bestätigt das Wort des Hermes: »Wenn die Gnosis dann das ganze Bewußtsein erleuchtet, wird die Seele wieder entflammt und erhoben, indem sie sich vom naturgeborenen Körper löst. So transformiert sie den ganzen Menschen zu seinem wahren Selbst.«[17]

Daß Rosenkreuz und Hermetismus eng miteinander verwandt sind, wissen wir durch das bekannte Fragment aus der *Alchimischen Hochzeit*:

Hermes ist der Urbronn.
Nachdem dem menschlichen Geschlecht
so viele Beschädigungen zugefügt worden sind,
fließe ich nach göttlichem Ratschluß und
mit dem Beistand der Kunst
als Genesung bringende Arznei hier heraus.
Wer es kann, trinke aus mir.
Wer es will, reinige sich in mir.
Wer es wagt, stürze sich in meine Tiefen.
Trinkt, Brüder, und lebt.

Van Rijckenborgh schlägt die Brücke zwischen den Absichten der Brüder des Rosenkreuzes und dem Urbronn des Hermes. Er schreibt in seinen Erklärungen zur *Alchimischen Hochzeit:* »Wer war, oder besser wer ist Hermes? Hermes ist der sich offenbarende Geist selbst, der Urbronn, der jeden Menschen laben will. Darum wollen wir auch von diesem Urbronn zeugen und studieren wir immer wieder aufs neue die alten hermetischen Bücher.«.[18]

Hermes ist der Urbronn
So ist Hermes ebenfalls eine mythische Figur, aber gleichzeitig auch das große Vorbild, das als eine universelle Weisheitskraft durch alle Zeiten hin nichts von seiner strahlenden Weisheit eingebüßt hat. Daß van Rijckenborgh auch das *Corpus Hermeticum* Zeile für Zeile studiert hat, geht aus seinem vierbändigen Werk mit erklärendem Text hervor, dem er den Titel gab: Die *ägyptische Urgnosis und ihr Ruf im ewigen Jetzt.*[19] Auch er legte den Nachdruck auf Hermes als den Urbronn, als die Ur-Gnosis, die auf das ursprüngliche Wissen, die ewige Weisheit hinweist, die durch alle Zeiten hindurch im Prinzip dieselbe ist, oder besser gesagt, immer dasselbe zu übertragen beabsichtigt. Also ein ewiger Ruf, ein Ruf, der mithin immer noch aktuell ist. Jan van Rijckenborgh will diesen Ruf wieder kraftvoll erklingen lassen, in der selben Bedeutung, die die Brüder des Rosenkreuzes ihrer *Fama* mitgaben. Van Rijckenborgh sprach jedoch vor dem Hintergrund der aktuellen Zeit. Er zog eine universelle Linie weiter, auf der durch alle Zeiten immer dasselbe Prinzip ausgetragen wurde.

Aufgrund dieser Darlegungen meinen wir sagen zu dürfen, daß Jan van Rijckenborgh ein Vorbild für jeden heutigen Rosenkreuzer-Gnostiker ist. Er bekennt in seinen Werken das christozentrisch-gnostische Rosenkreuz, wie es auch in dem Phänomen der Rosenkreuzer-Manifeste vom Anfang des 17. Jahrhunderts in Erscheinung getreten ist.

Noten

1 *Bibliographie* von Dr. A.H. de Hartog (1869-1938). Hrsg. Bibliothek der Universität Utrecht, 1988.
2 *Uren met Boehme* (»Stunden mit Böhme«). Hrsg. Hollandia-Drukkerij, Baarn 1915, mit Kommentaren von Dr. A.H. de Hartog.
3 *Aurora of Morgenrood in Opgang,* Jacob Boehme (»Aurora oder Morgenröte im Aufgang«).
4 Zeitschr. *Nieuw Religieuze Orientering* (»Neureligiöse Orientierung«), o.J.
5 *The Rosicrucian Cosmological Conception,* first Edition, Max Heindel. Rosicrucian Fellowship, Seattle, Wash.
6 *De Blijmare van de Gave Gods.* Esoterische Analyse van het Mattheus-Evangelie (»Frohe Botschaft von der Gabe Gottes, Esoterische Analyse des Matthäusevangeliums«). John Twine (Jan van Rijckenborgh), 1931.
7 *Reipublicae Christianopolitanae.* Johann Valentin Andreä. Erklärende Briefe von J. van Rijckenborgh. Rozekruis Pers, Haarlem 1939/1940, 2. Aufl. *Christianopolis* (deutsch), 1990.
8 *Fama Fraternitatis, Confessio en Alchemische Bruiloft in één band* (»Fama Fraternitatis, Confessio und Alchimische Hochzeit in einem Band«), niederländische Übersetzung, 1937.
9 *Nieuw Religieuze Orientering* (»Neureligiöse Orientierung«), o.J.
10, 11, 12 *De geheimen der Rozenkruisers Broederschap.* Esoterische analyse (»Geheimnisse der Rosenkreuzerbruderschaft. Esoterische Analyse«), J. van Rijckenborgh, 1938. idem, unter neuem Titel: *De Roep der Rozenkruisers Broederschap* (»Der Ruf der Rosenkreuzerbruderschaft«), Rozenkruis Pers, 1966 (deutsch: 2. Aufl. 1985).

13 *Dei Gloria Intacta. Het Christelijke Inwijdingsmysterie van het Heilige Rozenkruis voor de Nieuwe Eeuw* (»Dei Gloria Intacta. Das christliche Einweihungsmysterium des heiligen Rosenkreuzes für das neue Zeitalter«). Hora Est, Antwerpen-Haarlem 1946. 2. rev. Aufl., Rozenkruis Pers, Haarlem 1957. (deutsch: 3. Aufl. 1991)..

14 *De Alchemische Bruiloft van Christiaan Rozenkruis* (»Die Alchimiche Hochzeit des Christian Rosenkreuz«). Band 1, J. van Rijckenborgh, Rozenkruis Pers, Haarlem 1967. Band 2, idem, 1969. 2. rev. Aufl., idem, 1988. (deutsch: 2. Aufl. 1982 u. 1991)

15 *Phaenomenologie van het Christelijk Bewustzijn* (»Phänomenologie des christlichen Bewußtseins«), Prof. Dr. A.H. de Hartog. (S. 77 und 136). Uitgevers-Maatschappij Holland, Amsterdam 1932). *Levensleer* (»Lebenslehre«). Prof A.H. de Hartog. P Noordhoff N.V., Groningen-Batavia, 1933 (S. 149 ff., 159 ff., 180 ff.).

16 C. Gilly, »Das Bekenntnis zur Gnosis von Paracelsus bis auf die Schüler Jacob Böhmes«, in: *De hermetische gnosis in de loop der eeuwen.* Herausgeg. von G. Quispel. 2^e Aufl. Baarn, Tirion 1994. S. 395-442.

17 *Corpus Hermeticum.* Niederländische Übersetzung von J. van Rijckenborgh aus dem Englischen (G.R.S. Mead) und Deutschen (Patrizi/J. Scheible). Stuttgart.1855.

18 Siehe 14

19 Rozekruis Pers Haarlem. 2. Aufl. 1983-1991.

AUSGABEN DER ROZEKRUIS PERS

WERKE VON J. VAN RIJCKENBORGH

Elementare Philosophie des modernen Rosenkreuzes
Der kommende neue Mensch
Die Gnosis in aktueller Offenbarung
Die ägyptische Urgnosis und ihr Ruf im ewigen Jetzt (I, II, III, IV)
    Erneut verkündet und erklärt anhand der Tabula Smaragdina und des Corpus Hermeticum
Die Geheimnisse der Bruderschaft des Rosenkreuzes (I, II, III, IV)
    Esoterische Analyse des geistigen Testaments des Ordens des Rosenkreuzes
  1 Der Ruf der Bruderschaft des Rosenkreuzes
    Esoterische Analyse der Fama Fraternitatis R.C.
  2 Das Bekenntnis der Bruderschaft des Rosenkreuzes
    Esoterische Analyse der Confessio Fraternitatis R.C.
  3/4 Die alchimische Hochzeit des Christian Rosenkreuz (I, II)
    Esoterische Analyse der Chymischen Hochzeit Christiani Rosencreutz Anno 1459
Dei Gloria Intacta
    Das christliche Einweihungsmysterium des heiligen Rosenkreuzes für das neue Zeitalter
Das Mysterium der Seligpreisungen
Das Nykthemeron des Apollonius von Tyana
Das Mysterium Leben und Tod
Der Keulenmensch – Ein Aufruf an junge Menschen
Demaskierung
Es gibt keinen leeren Raum
Das universelle Heilmittel
Christianopolis
Das Licht der Welt – Ausschnitte aus der Bergpredigt
Ein neuer Ruf
Die gnostischen Mysterien der Pistis Sophia

WERKE VON CATHAROSE DE PETRI

Transfiguration
Das Siegel der Erneuerung
Sieben Stimmen sprechen
Das goldene Rosenkreutz
Der Dreibund des Lichtes
Briefe
Das lebende Wort

WERKE VON CATHAROSE DE PETRI UND J. VAN RIJCKENBORGH

Die Bruderschaft von Shamballa
Der universelle Pfad
Die große Umwälzung
Die universelle Gnosis
Das neue Zeichen
Die Apokalypse der neuen Zeit –
    Aquarius Erneuerungskonferenzen
1   Das Lichtkleid des neuen Menschen, Bilthoven – 1963
2   Die Weltbruderschaft des Rosenkreuzes, Calw – 1964
3   Die mächtigen Zeichen des göttlichen Ratschlusses,
    Bad Münder – 1965
4   Der befreiende Pfad des Rosenkreuzes, Basel – 1966
5   Der neue Merkurstab, Toulouse – 1967
Reveille!
    Weckruf zur fundamentalen Lebenserneuerung als Ausweg in einer
    aussichtslosen Zeit
Die chinesische Gnosis
    Kommentare zum Tao Teh King von Lao Tse

WERKE ANDERER AUTOREN

N. Abbestee	—	Jugendbibel
Karl von Eckartshausen	—	Die Wolke über dem Heiligtum
	—	Einige Worte aus dem Innersten
	—	Die wichtigsten Mysterien der Religion
Marsilio Ficino	—	(Briefe Teil 1)
	—	Gebt umsonst was umsonst empfangen wurde Briefe (Teil 2)
Antonin Gadal	—	Auf dem Weg zum heiligen Gral
	—	Das Erbe der Katharer / Das Druidentum
Mikhail Naimy	—	Das Buch des Mirdad

Fernsehen als Instrument der verborgenen Mächte
Das lebende Rosenkreuz
Das Evangelium des volkommenen Lebens

IN DER KRISTALL-REIHE SIND ERSCHIENEN:

1. Hermes Trismegistos – Ermahnung der Seele
2. Mysterientiere
3. Die Kenntnis die erleuchtet
4. Die Rückkehr zum Ursprung
5. Gnosis als innerliche Religion

DRP-Verlag, Postfach 1307, D 51657 Wiehl, BRD
Rozekruis Pers, Bakenessergracht 5, NL 2011 JS Haarlem, Niederlande
Lectorium Rosicrucianum, Foyer Catharose de Petri, CH 1824 Caux, Schweiz